U0117607

文學叢刊

陳福成著

洄游的鮭魚

文史哲出版社印行

國家圖書館出版品預行編目資料

迴游的鮭魚/ 陳福成著. -- 初版. -- 臺北市：
文史哲, 民 99.01
頁： 公分. --（文學叢刊；229）
ISBN 978-957-549-881-8 (平裝)

857.85　　　99001385

文學叢刊 229

迴游的鮭魚

著　　者：陳　福　成
出 版 者：文　史　哲　出　版　社
http://www.lapen.com.tw
登記證字號：行政院新聞局版臺業字五三三七號
發 行 人：彭　正　雄
發 行 所：文　史　哲　出　版　社
印 刷 者：文　史　哲　出　版　社
臺北市羅斯福路一段七十二巷四號
郵政劃撥帳號：一六一八〇一七五
電話886-2-23511028・傳真886-2-23965656

實價新臺幣三〇〇元

中華民國九十九年（2010）一月初版

著財權所有・侵權者必究
ISBN 978-957-549-881-8　　08229

序：洄游巴蜀的鮭魚

何樣的因緣?須要隆重、虔誠的出版這本書。原因也許很多，或有久遠的歷史，如千百年歷史與文化等。

若然，這是「本能」的原因，畢竟，鮭魚終要洄游原鄉，並且他總要選一個好季節，有一群好夥伴。

我這隻老鮭魚也許洄游的很晚很遲，隔了五十九年才洄游到原鄉，飲了永恆母親的奶水。五十九年對人生言，是很長的，對有些人可能是一生或不到。

是故，我到五十九之齡（實五八、四捨五入六十）才洄游原鄉，真是天大地大的事，對生命的意義也很重要。是出版這本書的動機。

動機之上的因緣，是早一年多前，葡萄園詩刊主編也是名重當代兩岸的詩人台客先生，與中國詩歌藝術學會理事長林靜助先生，力邀我一起參加重慶西南大學舉辦的「第三屆華文詩學名家國際論壇」，並對中國當代現代詩發展提出一篇「夠重量」的論文。

我欣然應邀並積極準備，文壇上也有十餘好友相伴，二〇〇九年六月我接獲重慶西南大學邀請函，一切都那麼的因緣俱足。一隻生長在海外五十九年的鮭魚，完成了洄游原鄉的願望，比得到一只「阿拉丁神燈」更滿足、更有意義。

本書是紀實的、詩情的、遊記式的。除會議發表的論文外，行文輕鬆簡單。基於現代人的視覺閱讀習慣，愛看「輕薄短小」之作，最好有圖照配合，讀起來輕鬆多了。爲此，我採用許多自原鄉拍攝及蒐集回來照片資料。

讓讀者的眼睛，以直覺面對每一幀圖照的布施，如拈花一笑，瞬間了然於心。全書從起程開始，分五篇：

起程，夥伴們出發了

第一篇　在重慶西南大學、師範大學與重慶大學

第二篇　中國新詩的精神重建〈論文〉

第三篇　成都：熊貓、伏虎寺、報國寺和大公報文章

第四篇　成都：峨眉山、川劇、寬窄巷子和武侯祠

第五篇　洄游的鮭魚〈新詩〉

本書不僅是「一隻鮭魚的洄游原鄉」，也是另九隻「名貴魚種」的祖國之旅。我們在這短暫旅程中，即懾受了五千年深厚的文化內涵，打通心靈思想的任督二脈。是人生里程碑最重要的一塊，故須以本書爲碑誌之。也紀念我團的這個行程，是我們每一個人生命中，一段最有意義的時光。

當然此行能順利完成，尤以參加詩學論壇及其他座談會，感覺真是好，我們備受禮遇。這要感謝重慶西南大學呂進教授，蔣登科教授和向天淵教授；重慶師範大學黃中模教授；重慶大學馬勝榮教授、敖依昌教授，感謝他們爲本團安排整個行程及全程陪同。當然，全程陪同我們還有福建師大教授王珂博士、詩評家也是中南財經政法大學教授古遠清博士，還有很多……西南大學美麗的研究生們，感謝。

還有河南省著名詩人王學忠先生，我們交換了名片，但當本書要出版時，我卻想不起他的長像。但我喜歡他的詩，刻也正準備爲他的詩集「王學忠詩歌鑒賞」寫心得報告呢！

我從四川回來，以極短時間二十天整理「生」出本書。但若沒有文史哲出版社老闆彭正雄先生幫助，書也「產」不出來，感謝他，老友。（一個生長在台灣的四川人陳福成，於出生後第五十九年首航故鄉，二〇一〇年元月十日序於台北蟾蜍山萬盛草堂。）

洄游的鮭魚

目　錄

起程，夥伴們出發了

二〇〇九年十一月六日，農曆己丑牛年十月二十日，氣象報導是個好天氣，適合出遊。曆書也記著今天宜齋醮、結網等，大概說今天適合啓建宗教道場，開始結網捕魚吧！

果然，參與此行洄游巴蜀原鄉的夥伴們，一早八點多，一個個魚貫而來，雖攜帶很多文人「行頭」，看上去還是魚魚雅雅的風景。中正機場也開始出現人潮。

理事長點點人頭，正好十位，連最遠的高雄、台南夥伴都到了。可惜有兩位臨時不能同行者，否則便是「駕龍十二、魚魚雅雅」。此行諸君子淑女皆騷人墨客，卻很有團隊精神，是旅行順利成功的重要原因。緣此，我先簡介此行的十位夥伴。大家爲準備重慶西南大學的國際華文詩學會議，莫不使出看家本領，提出最優質作品。

在文壇揮灑美麗閃亮的人生，夥伴們！

雪飛，是一位醫生詩人，寫過的詩比拿過的手術刀還多。他本名孫健吾，重慶酆都縣人，現任中國詩歌藝術學會常務理事、藝文論壇季刊社長、三月詩會會員、中國詩歌藝術協會監事、秋水詩刊副社長等。他近年最得意的事，是去年（二〇〇八）十月到墨西哥的海濱勝地阿卡普爾科，參加第廿八屆世界詩人大會，並獲「世界藝術文化學院」頒贈文學博士學位。及今年（二〇〇九）十月初甫才結束，由重慶師範大學文學院與新聞學院聯合舉辦，「兩岸詩歌朗誦暨台灣詩人雪飛、綠蒂詩學論文研討會」，台灣有林靜助、金筑等多位詩人參與盛會。

林芙蓉，台大商研所畢業、台南縣春風文學學會理事長、中華婦女寫作協會常務理事、風燈詩社編輯委員。有翻譯著作「先知」、「馬克吐溫自傳」等。春風文學會成立於民國八十七年，宗旨爲結合愛好文學之老、中、青各階層，共同研習傳統文化及鄉土文學，充實生活內涵。一路上我都叫她「林姊」，與林姊同行的「感覺」真是好，她平易近人，我們如沐春風。

李再儀，與我同有「復興崗人」的背景，不用語言也能有良好溝通。她是美術系畢業，研習水墨二十年，曾追隨羅振賢、蔡友教授等名家習水墨。現師事李奇茂門下，作品參加國內外聯展多次，另外，她對寫詩亦有濃厚的興趣，以映彤筆名常於網路及各詩刊發表。

台客，本名廖振卿，他更是海內外近年最夯、最High的名字了，已快成爲兩岸三地文壇詩界的「空中飛人」了，有十多本詩集震憾於神州大地。他目前是葡萄園詩刊主編（十多年了）、中國詩歌藝術學常務理事。他的名言是「幹主編嘛，就是要任勞任怨，把犧牲當做享受。」「因爲愛詩，所以無悔。」有這樣的文友，在現代「朋友市場」上，沒有好因緣是碰不到的。

鍾順文，生於印尼雅加達，一九六〇年歸國，也是詩和散文的能手，拿過不少文學獎。我和鍾君雖近兩年才認識，但在大約二十七、八年前，我就在他所主編的掌門詩刊發表作品，是我很早就心儀的詩人之一。鍾君目前是掌門詩學社社長、港都文藝學會榮譽理事長，並在中山大學等三所大學，教授學子現代詩創作。自己也在高雄主持「西藏老天珠博物館」，值得一提的是，鍾君與夫人謝佳樺是國內少有的「詩人夫妻檔」。

林于弘，筆名方群，現任台北教育大學語文與創作學系教授。他年紀青（一九六六年生），已拿遍國內包含教育部、聯合報、國軍、耕莘、創世紀……數不盡的文學獎項。

林君曾任珊瑚礁詩社社長、耕莘和救國團文藝營指導老師。他今年（二〇〇九）最引文壇注目的「產品」，是由縻研筆墨有限公司出版的詩集「航行，在詩的海域」，內收近幾年來發表在各詩、報刊的詩作百餘首，書前有謝欣芩的序：啓航。如這時，我們正要啓航。

林精一，中國詩歌藝術學會理事、藝文論壇季刊社務委員兼財務主任。林君是我們團隊中許多行政、財務工作的負責人，任何團體最煩雜的便是行政工作的協調和執行，但他不論做的多少多好，都仍謙虛的說不夠好，還要努力改進。我們的團隊不能沒有他。

吳元俊，我們同是台大主任教官退休，他也是引我「近」佛門的人（台大有不少朋友由他引近佛門）。吳君是一位天天趴趴走，廣結四海朋友的人，全中國乃至世界各地要舉出一地沒去過的，恐是不易了。遠的不說，今年十月他隻身一人當「背包客」，到北歐流浪將近一個月，最遠到達北極圈，一回台隔日再到馬來西亞・登神山，甫一回來換個背包又隨本團四川之旅。他是現代徐霞客、旅行家。

林靜助，中國詩歌藝術學會現任理事長，是此行的領隊。林君與我，我們也同在中國文藝協會、中華民國新詩學會、台灣創意產業管理協會、三月詩會、紫丁香詩刊、葡萄園詩刊、藝文論壇季刊等，任社長、理事或各項職務。林君堪稱是搞活動、搞組織的專家，近幾年來他帶領許多台灣文壇團體，到大陸各省交流訪問，也快成爲「空中飛人」了。

最後是在下，本書作者，美言不便多說，用我的名片表示最能一目了然。

我這張三摺兩面的名片，是我和外界溝通最直接、清楚、明白的工具，可省很多回答問題的時間，人我兩利，可供文友參考。

這名片也夠炫吧！寫

陳福成重要著編譯作品及購買方法

編號	書名	出版者	定價	備註（性質）
1	國家安全與情治機關的弔詭	幼獅	200	軍訓國防通識參考書
2	決戰閏八月：中共武力犯台研究	大人物	250	國防、軍事、戰略
3	防衛大台灣：台海安全與三軍戰略大佈局		350	
4	非常傳銷學（與范揚松合著）		250	直銷教材
5	孫子實戰經驗研究：孫武怎樣親自驗證「十三篇」	黎明	290	孫子兵法研究
6	解開兩岸的10大弔詭		280	兩岸關係
7	大陸政策與兩岸關係		290	
8	從地獄歸來：愛倫坡（Edgar Allan poe）小說選	慧明	200	翻譯小說
9	尋找一座山：陳福成創作集		260	現代詩
10	軍事研究概論（與洪松輝等合著）	全華	250	軍訓國防通識參考書
11	國防共識（高中、職一二年級共四冊）學生課本	龍騰	時價	部頒教科書
12	國防共識（高中、職一二年級共四冊）教師用書			
13	五十不惑：一個軍校生的半生塵影	時英出版社	300	我的前傳
14	國家安全與戰略關係		300	國安、戰略、研究
15	中國學四部曲　首部曲：中國歷代戰爭新詮		350	戰爭研究
16	二部曲：中國政治思想新詮		400	政治思想研究
17	三部曲：中國四大兵法家新詮（孫子、吳起、孫臏、孔明）		350	兵法研究
18	四部曲：中國近代黨派發展研究新詮		350	政治、黨派研究
19	春秋記實：台灣地區獨派執政的觀察與批判		250	現代詩、政治批判
20	歷史上的三把利刃：部落主義、種族主義、民族主義		250	歷史、人類學、學術
21	國家安全論壇（軍訓、國防、通識參考書）		350	國安、民族主義
22	性情世界：陳福成情詩選		300	現代詩、情話
23	新領導與管理實務：新叢林時代領袖群倫的政治智慧		350	特殊環境領導管理（含兼職作品）
24	一個軍校生的台大閒情	文史哲出版社	280	閒情、領悟、散文
25	春秋正義		300	春秋、正義、學術
26	頓悟學習		260	人生、領悟、學習
27	公主與王子的夢幻		300	愛情、小品、散文
28	夢幻花開一江山（傳統詩風格）		200	人生、詩歌、小品
29	奇謀迷情輪迴：被詛咒的島嶼(一)		220	政治、奇謀、言情小說
30	春秋圖鑑：圖說看中國近代百年史（3600張圖）		時價	3600張照圖
31	春秋詩選（現代詩、政治批判）		380	春秋思想、詩歌
32	愛倫坡（恐怖推理）小說經典新選		280	恐怖推理小說
33	迷情奇謀輪迴：進出三界大滅絕（二）		220	情色、奇謀、科幻小說
34	迷情奇謀輪迴：我的中陰身經歷記（三）		時價	奇謀、輪迴、警世小說
35	南京大屠殺圖照：中國人不能忘的記憶		時價	歷史、真相
36	神劍或屠刀?		時價	政治、思想、歷史研究
37	2008這一年，我們的良心在那裡		時價	人間編輯的一年
38	男人和女人的情話真話	秀威資訊科技公司	時價	兩性生活智慧
39	八方風雲，性情世界		時價	現代詩、詩評
40	從皈依到短期出家		時價	佛法初體驗
41	赤縣行腳‧神州心旅		時價	詩、文、神州千年遊蹤

(購買方法看另頁)

自由作家　中國文藝協會理事
中國詩歌藝術學會理事．常務理事

陳福成

行　動:0937-059-905
E-mail: xyz510487@yahoo.com.tw
部落格網址：http://tw.myblog.yahoo.com/xyz-510487

各種購買方法

方法1.全國各書店
方法2.各出版社
方法3.郵局劃撥帳號：22590266　戶名：鄭聯臺
方法4.電腦鍵入關鍵字：博客來網路書店→時英出版社
方法5.時英出版社　電話：(02)2363-7348　(02)2363-4803
地址：台北市新生南路3段88號3樓之1
方法6.文史哲出版社　電話：(02)2351-1028
郵局劃撥帳號：1618-0175
地址：台北市羅斯福路1段72巷4號
方法7.秀威資訊　電話：(02)2657-9211
地址：台北市內湖區瑞光路583巷25號

皈

回首前塵花飛蓬，
四十年來雖用功；
蓬生麻中不扶直，
神州未統皈我佛。

悟

一到台大定江山，
著書立說始悟禪；
前塵舊事一掃空，
開始佈局在胸中。

憶

半生浮沉幻茫然，
幻夢花開一江山；
寰宇洋花覺有情，
春秋大業淚潸潸。

作是我從小的興趣，寫的範圍也廣，近年我開始向「創意」突破。

啊！香港、重慶

十點的國泰班機，經一個多小時飛行，很快一行人到了香港。這個「東方明珠」自一九九七回歸祖國後，顯得更繁榮而有自信心，我有幾次過境機場而未到香港街上逛逛，所以我應算「沒到過香港」的人。

但這不表示我不了解或不關心香港，我屬於「秀才不出門能知天下事」的研究型人物，也屬於「從一朵花看天堂」的直觀性格的人。我和香港「藍葉詩社」詩人曾有驚鴻一瞬，看得出他們對香港的信心，對祖國的熱愛，可惜沒有時間拜訪他們。

再者，我也知道過幾年，廣深港高速鐵路通車後，香港將有直通車接連內地十六城市，十三億人口中的十一億，一天內可以到達香港。當我們一行人在機場等轉機閒逛時，就看到了這種未來的大希望。這是一個超大希望，政經學家稱一塊超大的「磁石」，相同的力量也吸納著台灣，若抗拒會連血被吸光光，順勢可以繁榮壯大。

約下午兩點多的港龍航空，祖國天空飛翔，我的一顆心也跟著飛機上上下下，因爲身爲一個四川人，怎麼到現在才要回四川。在感覺上，重慶仍是四川的，到重慶機場才四點多，但天色有些陰，有些灰茫茫，心情也似很複雜。在我寫作生涯上，一度專注在戰史、戰略，是故，那漫天烽火的情節很難不去想，又身爲一個「黃埔人」。

一九四九年十一月，政府已遷重慶，老校長蔣公駐節「林園」，但到三十日，共軍已攻陷重慶，是夜凌晨老校長飛往成都北郊之鳳凰山機場，駐節中央軍校。但不久成都又淪陷，我黃埔二十三期老大哥爲保衛老校長離開成都，全期幾幾乎全部陣亡，這種氣節怎能不去想，尤其親臨其地了。

我們到重慶機場不久，西南大學的接機人車也來了，大家當然是欣高彩烈的先照紀念照啦！到了西南大學進住的桂圓賓館已是六點多了。辦完報到手續，餐後，在賓館旁的會場「桂圓學術交流中心」門口，大家閒聊。

閒聊間，有的照相，有的逛校園、逛北碚附近的市街。我們第一個碰到「認識」的人，是大名頂頂的古遠清教授，他的幾本台灣新詩、中國新詩史，由台北市文史哲出版社出版，在兩岸詩壇引起很多論戰。第二位碰到新詩所副所長向天淵教授，他也是承辦這次大會工作人員之一。

稍晚，我在房間內（同房的鍾順文逛街去了），做筆記整理（寫筆記是我的生活習慣，走到任何地方都是。），另外也閱讀「會議指南」，了解明天以後四天的全部議程概況，我是「玩真的」，不是隨便玩玩。因此，我從頭到尾都在寫筆記，做功課，很受注目，似乎台灣來了一個「好學生」。

一面聽著電視報新聞，「國務院總理溫家寶……構建農村現代經營……世銀報告認為中國 GDP 增長……」。但我更專心看我的筆記本，從今早出門，在車上、等機、飛機上，每有靈光一閃便記下的幾首詩。其中之一回台修改的「重慶」正是此刻心情。

重慶

這麼久了，似未能完滿痊癒
想起來還有幾分感傷
大轟炸怨死的忠魂安頓了嗎？
不久又承受了李宗仁的背判（註）

那轟轟聲響仍在耳際迴蕩

詩人們
釁宇泮花　百花爭放

嗚放的詩歌日愈激昂
我們高昂的詩情笑意將要
蓋過轟轟雷響或槍砲聲
安頓逝去的忠魂

註：大轟炸指二戰時倭寇鬼子對重慶的大轟炸。
另不久後，民國三十八年十月，政府遷到重慶，李宗仁也十四日飛抵重慶，但不久他又跑了，托言到香港就醫……月底，重慶又淪陷……
我是堅持，也研究中國春秋大義思想的人，要把那段史實「忘記」，或不當一回事，何其難啊！

二排左起：林芙蓉、李冉儀、吳元俊、台客、雪飛、林精一、陳福成；前排右三林靜助、右四方然；二排右三古遠清、右四木斧；五排右五鍾順文；五排左五喬琦（掛圍巾者）；林子弘在右上角。

在重慶機場，左起雪飛、研究生、鍾順文、林芙蓉、吳元俊、陳福成

鍾順文、呂進主席、陳福成

陳福成、台客

本書作者與西南大學研究生

左起：林于弘、雪飛、台客、林芙蓉、林靜助、李再儀、陳福成、林精一、鍾順文

向天淵教授、陳福成、鍾順文

23 照 片

在會議室，左起：陳福成、古遠清、木斧、鍾順文

本書作者在會場

本團全體人員在重慶師大，正中間是黃中模教授

在重慶師大校園

黃中模教授贈書

在重慶大學文傳學
院

在報國寺

在報國寺

在峨眉山（山下）

峨眉山地質博物館

在樂山大佛

在蜀風雅韻看川劇

好可愛

在成都老街悠閒

第一篇
在重慶西南大學、重慶師範大學與重慶大學

在重慶西南大學社科院前，團體照一景。最前排左二是呂進教授；二排右二古遠清教授、右三詩人木斧，左一林芙蓉、左二李再儀、左三吳元俊、左四台客、左五雪飛、左六林精一、左七陳福成，林于弘和鍾順文都在右上角。

洄游的鮭魚　2

以下 12 張照片翻拍自重慶大學文化走廊及校園銅像，
照片已有文字說明，不再注解。

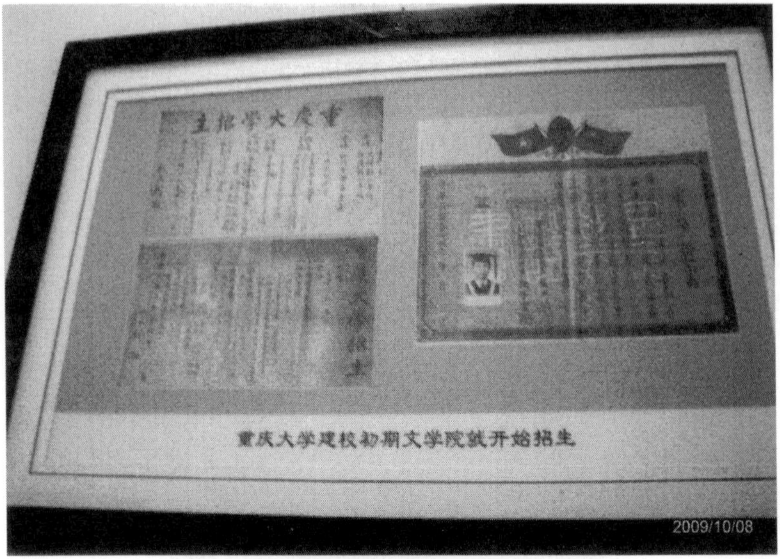
重慶大學招生
重庆大学建校初期文学院就开始招生
2009/10/08

1893—1932

省立重慶大學採冶工程學會成立紀念

重慶大學五周年紀念攝影

歡迎艾迪博士
1934年重庆大学欢迎艾迪

吕子方
1895—1964
著名学者，教育家，重庆大学创办人之一。曾留学日本和英国，他潜心研究中国古代科学技术史，被世界科技史权威李约瑟誉为“具有真知灼见的学者”。
2009/10/08

三十年代正在建设中的重大校园
2009/10/08

吴芳吉
1896—1932
著名爱国诗人，重庆大学
创办人之一。建校初期曾任我
校文预科主任。他在诗歌创作
上独树一帜，所作《婉容词》、
《护国岩词》在30、40年代曾
风靡全国。
2009/10/08

理学院建成后，国民参政会议第四次会议曾在此举行，会上通过了声讨汪精卫叛国案
2009/10/08

第一章　開幕彩風：打開詩歌的「潘朵拉」

「現在請第三屆華文詩學名家國際論壇主席、重慶市文聯榮譽主席也是西南大學中國詩學研究中心主任，呂進教授致開幕詞……」

這是大會主持人，中國新詩研究所常務副所長熊輝教授，高亢響亮的聲音，現場二百餘來自全中國及世界各地，用中國方塊字寫詩的詩人、作家、教授，立即爆出如雷貫耳的掌聲，時間是第一天（十一月七日）上午九點，地點就賓館旁的桂圓學術交流中心。

上午的開幕式分兩階段，第一階段是開幕佳賓致詞，第二階段是主題演講。我看不盡，聽不完，記不足，手追不上耳，耳不上講者。幸好，我事後從會議資料和論文集整理出來，簡記如後。

呂進教授致詞

自從二〇〇四年首屆華文詩學名家國際論壇，提出「新詩二次革命」的理念後，中國及不少國家的詩歌界開展了討論，出現了一些頗有深度的論述。也有許多有詩學價值的實踐，拓寬了「新詩二次革命」的思考空間，推動了這次討論的健康發展。

本屆論壇的中心話題仍然是二次革命，也旁涉到現代詩學的許多問題：中國詩歌的幾千年之常與近百年之變的關係，華文詩歌的現狀與走向、詩的大眾化與小眾化、抗戰時期的大後方詩歌，新時期詩歌研究等等，都進入了本次論壇的視野。

趙伯陶（文學部主任）致詞

新詩在中國當代文學研究領域中，地位日愈重要，中國新詩的二次革命問題，也日愈受到學界關注。當代華文詩歌的現狀與走向等問題討論，更受到詩歌界廣泛的呼應。西南大學新詩研究所爲此，進行了多年不懈的努力，取得了眾所周知的成績，本次論壇正是這一努力的結果。

詩歌是一個民族的靈魂，中國又是詩之國度。「石在，火種是不會絕的」，「等到青天裡一個霹靂，爆一聲咱們的中國」，是前輩新詩開創者的吶喊……

其他尚有致詞者均從略不述。順帶一說，會場外大門陳列著「呂進文存」四大本，總計至少有一百三十萬字以上，是呂進教授的文學精華。四本才九十元人民幣，因而造成大賣，我當然也買一套，不時研究著呂進。

主題演講

這個節目有五位主持人，分別是葉延賓、〈中國台灣〉林靜助、〈新西蘭〉林爽、〈馬來西亞〉蘇清強、〈蒙古〉森．哈達。

（註：對大陸以外參加的詩人，名銜注明國家或地區，如〈中國台灣〉林靜助。我們不僅認同，且視爲自然正當之事，我們十位團員本是台灣詩人代表團，到祖國參與盛會。大家高興看到〈中國台灣〉的稱謂，也向全世界宣示，台灣和中國是一掛的、一國的，萬年後亦如是。）

主題演講人有五位，他們的每一篇演講都是一篇很有份量的論文，不可能抄下，略說亦難窺整體。只好抄下他們的講題：

1. 駱寒超：論尊西方新詩傳統：新詩二次革命論之四。

2. 王珂：新詩應該重視相對標準、常規詩體和社會化寫作。

3. 呂進：論「新來者」。

4. 〈泰國〉曾心：論六行體小詩。

5. 古遠清：香港新詩六十年。

這五家演講只有古遠清未依事前繳交的講稿，講「香港新詩六十年」，他另外講「兩岸新詩詮釋權的甄著」。事實上，我認爲這是一種隨時空變遷而改變的命題；再者，談到任何的「權」，必與國家力量（即政、經、軍、心總體國力）、國家目標、國家主權和民族精神有正相關，並受到「權」的制約。例如，在毛澤東時代的「馬列化中國」，對「中國詩」有何詮釋權？馬列是「非中國、去中國化的」，所以才要把四書五經丟到糞坑裡，但今天不同了，大大的不同。

主題演講完，上午的開幕式還有一個重頭戲。台灣代表、中國詩歌藝術學會成員也是名畫家李再儀小姐，代表贈送她的畫作給大會，由呂進教授代表接受，西南大學典藏。畫的是台灣太魯閣、天祥一帶盛景，現場爆出熱烈掌聲，鎂光燈閃個不停。這是論壇之勝事，意義重大而深遠。告訴大家一個秘密，這位美女畫家詩人和我是同鄉，「格老子要得」四川成都人。

第一天上午的開幕式劃下完美的句點。中午在「桂圓酒樓」有午宴盛會，詩人的聚會就是談詩論酒，會場也是High，「酒後耳熱，仰天拊缶，而呼嗚嗚。」每一餐都這麼熱鬧，「粉絲找偶像，偶像會粉絲」，結交許多詩人新朋友。

下午開始及後面幾天，就是一篇篇論文、一場場發表會及講評等，太多了，在第二章簡介。

晚上在西南大學演奏廳，有「我愛這土地」詩樂晚會，場面溫馨熱鬧，充滿詩歌質感和美的享受。這可見主辦單位多麼用心，主持人一位叫李應杰，一位叫劉嫣然。按節目單，抄其演出者及曲目。

1. 女聲獨唱「我愛這土地」：肖明艷演唱，陳睿伴奏。
2. 詩朗誦「你的名字」：陶玢蓉、蘭青朗誦，蘇歡歡、廖旺達伴舞。
3. 男聲獨唱「嘉陵江上」：劉飛演唱，陳睿伴奏。
4. 詩朗誦「鄉愁」：周婷朗誦，王倩、廖旺達伴舞。
5. 二胡獨奏「思鄉曲」：毛悅月演奏。
6. 舞蹈「在那遙遠的地方」：馬依婷。
7. 詩朗誦「爐中煤」：陳以欣朗誦，丁文茜、廖旺達伴舞。

8. 男聲獨唱「月之故鄉」：何瑩演唱，陳睿伴奏。
9. 詩朗誦「黃河落日」：張暾、諶武朗誦。
10. 舞蹈「無名花」：王慧佳、胡蝶等。
11. 詩朗誦「聽歌」：任天輝朗誦，王婷伴舞。
12. 男聲獨唱「叫我如何不想他」；楊茂演唱，陳睿伴奏。
13. 詩朗誦「贊美」：李晨林、鍾浩、賀雅琪、李劭、曲麗莉。
14. 詩朗誦「祖國，我親愛的祖國」：歐陽曦、杜文等新詩所全體同學朗誦，陳睿伴奏。

第二章　夥伴論文略述及大會各詩家論文題目

本書即期許對這次論壇有某種程度「紀實」，但論文總量很多，大會印製的論文集厚達七七〇頁。我乃只針對台灣代表團各詩人所提論文簡報，其他全照論文集目錄影印，提供參閱，也見此次論壇盛況，有多少名家參與。

林芙蓉：以詩人的幽光點亮現代社會——兼論現代詩與現代社會

詩人首先引愛因斯坦對現代教育和現代文化的批判，「現代教育負擔過重後導致膚淺，專業教育把人變成一只受過良好訓練的狗，而不是一個能獨立思考行動的人。」誠然一路上我們叫詩人「林姊」，林姊所引必有所感，多年來我也反思這個問題。但身爲詩人，有何能耐能挽救整個時代？或挽救「群狗」呢？由此出發，詩人這篇文章有下列重點：

△現代主義與現代詩。

△後工業社會、後現代主義與後現代詩。

△台灣現代詩之發展分六個階段。

當然，林姊也提出挽救時代的「藥方」，但她強調以東方聖賢的思想做為生命智慧的源泉，這是詩人之使命。這是好藥方，事實上現在全世界正在夯「孔子熱」和「儒家風」。她以詩爲燈，在創世紀和各報刊發出亮光，希望在這被國際評成「不適人居之島」，增加一絲人文詩意氣息。

林靜助：台灣圖像的現代詩當代意義詮釋

他是此行領隊，也是我們的領導，目前在兩岸港澳文壇詩界甚爲活躍。詩人這種「物種」大多會寫會說不做，行動力極弱。林理事長則有很強的行動力，這和他一輩子專搞組織、活動有關。他的論文有以下重點。

㈠從現代詩被視爲「時代精神」表徵，詮釋台灣現代詩自早期發展以來的時代意義。二十世紀二〇年代「風車詩社」的出現，顯示當時台灣文化和世界文化脈動接軌。

㈡四〇年代後，發展成曲高和寡的現象，甚至影響到七〇年代的「小眾」文化。而戒嚴時期，現代詩創作成爲中低階層（軍人、學生、公教人員）的心靈窗口。對那一代高層次文化提昇，很有歷史意義。

㈢九〇年代到廿一世紀初的現在，人類文明發展極致帶來的文明病、環境破壞等，現代詩詮釋的台灣圖像，甚爲弔詭和反諷。

事實證明，現代詩和流行文化間，永遠存在鴻溝。但可告慰的是，台灣圖像的現代詩當代意義詮釋，幫助我們定位真正詩人和他作品存在意義與價值。

林于弘：台灣新詩「固定行數」的格律傾向——以「台灣詩選」為例

林君是此行中曾經受過學院式訓練，深究學術而有最深厚文學基礎的詩人，他的論文屬「小題大作」性質。他的命題想藉由「詩選」的編選與出版，也能表現出新詩版圖的遷變軌迹，詩壇權力的抗衡消長，以及詩作書寫的普遍思維。讀他這篇論文，讓我似乎重回研究所時代，讀政治版圖與政治權力分配的關係，以下幾點是林君對所提「假設」的論證。

㈠以二〇〇三到二〇〇八年的「台灣詩選」爲研究對象，並以量化爲統計分析基礎。針對「固定行數」的現象爲準，凸顯台灣新詩在格律傾向的意義。

㈡論證結果，「台灣詩選」的固定行數詩作，六個年度的總平均爲一七％，其中有四個年度爲一九％以上。年均每五首詩作，就有一首採取完全固定行數寫法，比例不可謂不高。

㈢固定行數與段數的關係上，發現四行最多，三行和五行次之；至於段數，兩段最多，三段次之。若總和行數與段數看，八行二段最多，而三行六段、四行二段、四段三行、四段四行、五段二行、六行三段均列次之。

經此統計分析之論證，新詩「固定行數」的行數選擇和段數安排，雖尚未有共識，至少可看出隱然有簡約化的趨勢。並以形式上的「固定行數」作爲出發的第一步，似乎也有更多値得期待的可能。

雪飛：詩的虛擬真實性

「白髮三千丈」、「黃河之水天上來」，這些流傳千年的名句，大概只要「黃種人」都曾吟誦過。然而，是真實的嗎？三千丈的頭髮怎麼洗頭？要留幾百年才能留到三千丈長的頭髮？黃河之水不是來自巴顏客拉山嗎？都是騙子，詩人一定來自「詐騙集團」。且看詩人雪飛做何解釋？給個「交待」吧！

㈠甚麼是真實？是事物的現象？還是事物的本質？是人之感覺對象或意識中的虛擬實象？科學所說的「真實」是否可靠？物理大師波爾（Bohr Niels, 1885-1962）說：「量子世界並不存在，存在的是抽象的量子力學的描述。」這似乎在講「般若波羅密多心經」，通稱「心經」。

㈡詩的創作，是以抒情爲主，達意爲目的，而運用詩人想像來補充完成。「擬人化」是一種想像，「有情化」也是一種想像，如李白「舉杯邀明月，對影成三人」、李商隱「春蠶到死絲方盡，蠟炬成交淚始乾」。又如白居易的「長恨歌」，雖是虛擬，卻是文學上「真實」，故能感動人。

㈢以一首「真和美之虛擬」（摘兩段）爲結語：「或許你也可以／躺在馬麗蓮夢露的身邊／看那江水滔滔往東流／聽她磁性的嗓音／爲你唱：大江東去／／也許你還能實現／在那平沙落雁的塞外／與王昭君併馬前行／聽她親口唱一曲：陽關三疊／／都只要你，按一下Enter。

鍾順文：等候和挑戰：論謝佳樺的西藏詩畫

鍾順文和謝佳樺是當代中國詩壇極少見的夫妻組合，又是藏傳佛教信仰者，二人的詩也有濃濃的藏傳「佛味」。我在「藝文論壇」（台北：中國詩歌藝術學會，二〇〇九年五月），有一篇「偶然又見掌門：因緣漫讀三個掌門詩人：鍾順文、謝佳樺和子青」論文，對他夫妻二人詩品已有初步認識。對謝佳樺，基本上我認爲她是「玩方塊字」的能手，可定位在「謝式現代詩的哈利波特」。後來再讀她的作品，又像「方塊字的大衛魔術」。但那是我的感覺，現在要看她老公鍾順文的「感覺」。鍾君的論文有三個單元：

㈠謝佳樺朝聖西藏的行腳詩，收錄在她的詩集「時間回帶一〇八首詩」。

㈡她的詩集「當你念著一〇八顆詩句串成的念珠」中，整本書的西藏情懷。

㈢最近詩作系列「詩曼陀羅：會見西藏」，部份發表在聯合報副刊。

鍾君總結夫人的詩，她是善于等候的詩人，等候契妙的靈感，等候好的體裁，等候詩想沈澱到最清澈的時機，等候最完善的處理每一首詩作，每每都有一段很長很長的醞釀期和成熟期。然而，她更善於挑戰，挑戰新的觀念藝術。挑戰新的技巧和藝能，挑戰新的能量，讓詩作更臻完美，更讓人大感驚奇和歡喜。

而鍾順文也是我「心契」三十年的詩友，目前又是中山大學、師範大學年青學子們現代詩指導老師兼粉絲。來日若在佛法上更上乘之頓悟，兩岸文壇詩界將大放異彩。

台客：淺談現代詩的朗誦

現代詩要怎樣朗誦才能感人？台客在該文認爲選詩很重要。不是所有現代詩都合乎朗誦，意象太繁初，詩句晦澀難懂的詩不適合，詩行太長亦不佳。詩句明朗、口語、約十行左右，段落整齊，有韵，最適合朗誦。另外台客提示注意三個技巧。

㈠仔細研讀，培養情緒。

㈡發音宏亮，或緩或急。

㈢重要段落，反復吟誦。

若有時間，事前先了解詩作的創作背景，更能醞釀氣氛。再若有場景佈置、音樂配合，效果更佳。台客在大會現場示範朗誦了李煜「烏夜啼」、張繼「楓橋夜泊」、杜甫「春望」、余光中「鄉愁」、文曉村「回響」等，而壓箱寶是他自己的一首「長江斷想」。

順帶值得一提的，台客發起一項捐助，給西南大學新詩所的清寒學生，獲得大家熱烈支持，都紛紛解開囊橐，共成盛事。

以上是此次參與西南大學盛會，除我之外的六篇論文簡介。順帶一提，台灣代表還有兩位詩人因臨時不能到場，但他們的論文仍收在論文集中。一是我老友、詩人范揚松先生，他的題目是「系統特性在現代詩詮釋與評論之應用」。另一位詩人傳予，題目「從現實社會論說詩的存在價值」。

范先生企圖用系統理論（System theory，或稱體系分析 System Analysis），來解釋或評論現代詩之工具。吾人所知，系統理論在社會科學廣泛運用，政治學家如 David Easton 和 Gabriel A. Almond 論述最多。但用在文學評論，尤其幾乎「絕對主觀、極個人化」的現代詩，可謂「大膽而有創意」，意者可深入研閱他的論文。

傳予先生從現實觀點，分析詩人的社會角色，謂三六五行業中，並無「詩人」這行業，爲何仍有詩人之存在？詩也是各行業中最不值錢的「產品」。確實，筆者聽過一笑話，謂李白那首牀前明月光的詩是欠人半壺酒錢作出來的，未知真假，待考證。

不值幾銀的東西爲何存在？且愈來愈多。傳予總結說，「詩是我們人類在世時靈魂上的救主」，詩可以美化人生，昇華人生，甚至是人生苦痛時的窗口、出口或避風港。

這次盛會所提的論文，不論質量都甚爲可觀，也不可能把每一論文都做簡述，但爲使人「窺豹全斑」，我把大會印行的論文目錄印下來，也許是個好法子。如後所示，總計提出論文、報告有九十五篇，題目和作者都有，也方便查閱。

目 录

华文诗歌的现状与走向

新诗的百年之变与几千年之常

新诗的大众化与小众化

五：抗战时期的大后方诗歌

第三章　在重慶師範大學和重慶大學

重慶師範大學和重慶大學的邀約，是此行的附帶，因爲到臨行前幾天才確定。因緣來自約兩年前重慶師範大學教授（今任兩岸詩歌研究所所長）黃中模博士、重慶大學漢語言文學系主任敖依昌教授等一行人，來台訪問。當時文曉村先生邀約金筑、台客和我（另有多位），宴請黃教授一行人。

種下了好緣，黃、敖二位教授這回盛情邀約，我們排在第五天（十一月十日整個下午），分別有兩場座談會，主題都是閩台與巴蜀文化。會中我提報二篇臨時整理的報告，有關川劇的研究，都列在本章後面。

座談會上還有鮮于煌、尹國民、潘頌德、彭斯遠、王珂等數十位教授。黃中模教授並贈我團每人一本「中國三峽文化史」（黃中模、管維良主編，西南師範大學出版社，二〇〇三年），每本題一詩，贈我的詩是：

教師會館華燈下，天賜塵緣遇福成；
華夏春秋增識界，奇書四部長精神。

詩中「華夏春秋」是我以前辦的雜誌，奇書四部指我在時英出版社的「中國學四部曲」，即「中國政治思想新詮」、「中國四大兵法家新詮」、「中國歷代戰爭新詮」、「中國近代政治黨派發展新詮」。四部總約一百三十萬字，寫那些書，傷神啊！

川劇源流探索：一九九九年川劇院來台公演

緣　起

二〇〇九年十月下旬，中國詩歌藝術學會一行人等，正準備著重慶西南大學主辦的「第三屆中國新詩學術研討會」。事實上，我個人爲此事已準備（興奮）了五個月，乃因這是我這位「生長在台灣的四川人」，五十九年來，第一次將要回到四川。

當此之際，中國詩歌藝術學會理事長林靜助先生告知，西南大學任務結束後，重慶大學及西南師範大學也有邀訪，並以閩台與巴蜀文化爲主題座談，並希望針對巴蜀文化提出報告，正好我手邊有一些「川劇」資料（我不論看電影或任何演唱會，都有保存海報、圖片、節目表及各種宣傳品DM等，我所謂資料，只是這些人家看完就丟的東西。），整理成本文，但願還能有閱讀的價值。

川劇源流

中國不僅是詩之國度，也是戲劇王國，各種戲劇之多如百花鳴放。一般所知，如兩湖的漢調與花鼓戲、兩廣有粵劇、安徽有徽調、河北之梆子和高腔、江蘇的昆曲、江西的弋腔、四川之川劇、浙江有越劇、陝甘之秦腔，山西和河南也有梆子；山東有梆子和柳子，關外有半梆戲，及各民族歌舞劇，多至不可勝數。

川劇流行於四川及西南省份，它融滙了崑腔、高腔、胡琴（即皮黃）、彈戲（即梆子）和四川燈戲五種聲腔，在角色造型上大致分爲生、旦、淨、末、丑五大行當。川劇是一種以音樂、舞蹈、唸白作爲表演手段，以寫意爲主，（中國藝術都是寫意爲主，如詩歌、國畫等），虛實結合的表演藝術。川劇以喜劇著稱，取材廣泛，大膽誇張，從廣大的人民群眾大舞台和個人生活小舞台上取「意」。散發出濃郁的生活氣息，表現四川人幽默詼諧的特徵。川劇表演藝術積累了許多光彩奪目的（絕活），如”變臉“”噴火“

”踩蹺“及”打叉“等，對塑造人物起了很好的作用，使觀眾賞心悅目。

川劇變臉

尤以「變臉」是川劇經典中之經典作品，已經風行了全世界。甚至一九八七年文化部正式將「變臉」藝術列爲「國家二級機密」，其中的「韋派變臉」更列爲「一級機密」，川劇已是四川文化的特色，四川更是中國戲劇重鎮。「變臉」之魅何在？

”變臉“在題材和體裁上皆突破傳統戲劇，不再表現封建時代的帝王將相與才子佳人，而是展示二十世紀初葉的巴蜀風情。以傳統戲劇描繪當代現實生活，充分發揮了古典戲劇的審美優勢，以一人一事貫串全劇，將水上飄與狗娃之間的悲歡離合，描寫得淋漓盡致，感人熱淚。所以，川劇基本上是現代的，創新的。

劇中特別設置的延伸舞台，配合現代科技的燈光效果，突破傳統戲曲的時空常規，在有限的舞台空間展示出廣闊的生活畫面。由當代川劇”表演藝術家“任庭芳領銜主演，不受行當與程式的約束，堅持從生活出發，從人物出發，從實際人生提煉戲劇「元素」。通過煽情剖析人生，與觀眾產生共鳴，贏得眾多觀眾一掬熱淚，報以哄堂的掌聲和笑聲。全國演藝界推崇該劇是中國戲曲面向未來銳意改革的成功典範，未來中國各類戲劇（如京劇、歌仔戲等），在創新上可能要向「變臉」取經，或至少受到影響。

但川劇最早何時有的？有推源自古西蜀，至少唐代已有「蜀戲冠天下」之說。比較可靠應是明末清初，尤其到乾隆年間，大致在四川、雲南、貴州、湖北等省，都流行川劇（當然形態內涵多所流變），而以成都、重慶兩處最是風盛。

一九七九年國慶三十周年，川劇「臥虎令」、「修不修」等進京演出，受到高度肯定並得獎，從此「一路發」，紅遍兩岸乃至世界各地。

川劇劇目很多，有「唐三千、宋八百」之說，但以「江湖十八本」最可靠：「幽閨記」、「綵樓記」、「木荊釵」、「玉簪記」、「白羅帕」、「百花亭」、「葵花井」、「鸞釵記」、「放白蛇」、「白鸚鵡」、「三孝記」、「槐蔭記」、「中三元」、「聚古城」、「鐵冠圖」、「全三節」、「漢貞烈」、「五貴聯芳」、「藍關走雪」等。進入現代，有更多新劇目（後述）。

川劇的「五腔共和」

據專家研究（朱恒夫，南京大學出版社），川劇是移民文化的產物，自秦以來，二千多年間多次大規模移民，與其本土產生融合，進而創造出主體精神。此即前述提到的崑、高、胡、彈、灯，稱「五腔共和」。

川劇中之崑腔，又叫「川崑」。崑曲大約是清康熙年間傳入四川，到乾隆時，有蘇伶在四川組成舒頤班，風行一時，因而脫胎出川崑，改用四川話演唱，伴奏以笛子爲主。崑曲是一種古老劇種，對川劇乃至京劇、婺劇等，影響至深，「醉隶」、「拿虎」、「文武打」、「出北塞」、「雙下山」、「東窗修本」、「議劍獻劍」等劇目，都是有崑曲特色的川劇，亦甚爲經典。

川劇中之高腔，亦屬曲牌體，源於弋陽腔，並吸收川江號子、民間曲藝等元素，通常不用弦樂伴奏，僅用拍板控制節拍，有「一人啓齒、眾人幫腔」特性。高腔劇目也多，如「情探」、「放裴」、「白蛇傳」、「拉郎配」、「打紅台」、「八郎回營」、「貴妃醉酒」等，都很受川人喜愛。

川劇中之胡琴，也叫皮黃或絲弦子，主奏樂器是胡琴，並以月琴配之，川劇皮黃源於漢調與徽調，同時亦融合陝西漢中二黃和四川揚琴的優點，創造出另一種巴蜀地方特色。胡琴戲劇目如「鍘侄」、「綿竹關」、「鞭督郵」、「檄文詔」、「三祭江」、「受禪台」、「江油關」、「鬧齊庭」、「馬陵道」、「馬房放奎」等，多取材於中國古代列國歷史故事，千百年來受川人喜愛。

川劇中之彈戲，以板腔體音樂爲主，乃屬梆子系統，又叫「蓋板子」、「川梆子」，用胡琴伴奏，以梆子做擊節樂器，清代李調元「劇話」說：

> 俗傳錢氏「綴白裘」外集，有奏腔。始于陝西，以梆為板，月琴應之，亦有緊、慢，俗呼「梆子腔」，蜀謂之「亂彈」。

四川和陝西的人文交流歷來最多，川人到陝習秦腔，陝人來川經商也多，在川建會館，會館內有戲台，自然給川劇注入新元素。川戲之彈戲也多元，有「反徐州」、「戰洪州」、「梵王宮」等慷慨激仰劇目。也有「做文章」、「跪門吃草」、「花田寫扇」、「喬老爺奇遇」等，屬較輕鬆活潑作品；還有「攔馬」、「活捉子都」以武功爲吸引焦點之作。

川劇之灯調則純是本土的，源於何時？可能來自上古時代，朱恒夫主編的「中國戲曲美學」一書提到，巴渝歌舞自上古時代已名揚天下：

> 「華陽國志」記載，商朝末年，武王伐紂，得巴蜀之師，「巴師勇銳，歌舞以凌般人，前徒倒戈，故世稱之曰「武王伐紂，前歌後舞也。」」

至春秋戰國後，歷代記載「巴渝歌舞」頗多，相信這些是川劇的本土部份。但「灯戲」的成形應在明清之間，川省各地也有差異，如成都的車車燈，重慶有秀山花灯，川南一帶有古藺花燈，岷江上游松潘有回族花燈。清乾隆年間雙流舉人劉沅記錄這種「觀燈唱戲」，在他「蜀中新年竹枝詞」寫著：

花灯正好月華催，無那書聲入耳來；
看戲看花都未了，傷心竹馬道成灰。

這位舉人注說，新年諸戲，俗名花燈，兒童看的不想上學了。灯調輕快活潑，今人叫川劇中的輕音樂。川劇灯戲劇目，如「裁衣」、「滾灯」、「嫁媽」、「小放牛」、「拜新年」、「打判官」、「槐蔭配」、「五子告母」等，都在川省流傳很久。

以上是川劇中的五種聲腔，若要詳述可另見專書，徐慕云著「中國戲劇史」及前述朱恒夫著作，有較完整考證與記述。

四川省川劇院

四川省川劇院成立於一九六〇年，是全國川劇界的“最高學府”。滙集了川劇界多位”表演藝術家“”梅花獎“”文華獎“”一等獎“及國家一級二級演員的各路高手，以陣容整齊，台風嚴謹著稱，在全國素享盛譽。曾先後應邀赴歐洲各國、日本、新加坡、香港演出皆受到高度贊揚。

一九九八年更憑“變臉”一劇，榮獲中國大陸全國文化藝術界最高榮譽大獎“文華獎”的“最佳編劇”“最佳導演”“最佳男主角”“最佳女童星”四項大獎，並在全國及香港巡迴演出。

四川省川劇院由一批川劇知名藝術家和四川省川劇學校歷屆優秀畢業生組成，是一個享譽海內外的中國地方戲曲藝術表演團體。

建院四十年來，劇院先後演出優秀傳統神話劇如「白蛇傳」；優秀傳統劇如「繡襦記」「芙奴傳」、「秋江」、「放裴」、「射雕」；新編歷史劇如「和親記」、「臥虎令」；新編聊齋故事劇如「聶小倩」；民間故事劇「望娘灘」以及現代劇「急浪丹心」等近兩百個大小劇目。先後參加「中國藝術節」、「中國戲劇節」、「國際舞台美術藝術節」、「亞運會藝術節」等重大演出活動，受到組委會嘉獎和國內外觀眾與專家的高度讚揚。經過長期的藝術實踐，劇院造就了具有較高藝術造詣的演員、導演、編劇、音樂、舞美人員，陣容整齊、台風嚴謹，講求藝術質量。

早在五十年代，劇院川劇表演藝術家們就曾參加中國劇團赴波蘭、捷克斯洛伐克、德意志民主共和國和保加利亞東歐四國的訪問演出；改革開放以來，劇院又先後應邀赴香港、西柏林、荷蘭、德國、瑞士、義大利、日本、匈牙利、捷克斯洛伐克、波蘭、新加坡等國家和地區演出，受到港澳同胞、台灣同胞、海外僑胞以及國外友人的高度讚揚。

一九八九年以來，川劇院先後同台灣天府川劇團，漢音劇團多次在成都、樂山、眉山、都江堰市聯誼演出，海峽兩岸川劇同仁爲弘揚川劇藝術歡聚一堂，交流技藝，傳爲劇壇佳話。

記一九九九年「四川省川劇院」來台巡迴公演

「四川省川劇院」於一九九九年二月廿四日到三月十日，來台公演，其成員，按訪台名錄：

女演員：何苓、湯燕、王亞玲、沈麗紅、劉燕、楊韜、向思莉、崔光麗、周建珍、章菁森、張家芳、劉洪，共十二人。

男演員：藍光臨、陳明福、毛庭齊、劉曉鵬、徐壽年、張金元、李科、李德利、李艷冬、余開元、林波、劉正友、墻方榮、河洪慶、黃龍煊、張連憎、任庭芳，共十七人。

樂　團：鄭文貴、鐘久長、張麗琴、陳開蓉、陳懷榮、康長玉、蔡克俊、黃吉光、陳偉、唐基厚、劉欣、熊翼皋，共十二人。

舞台工作：林軍、胡斌、朱珂、任高龍、余洪川、林叔升、李黎，共七人。

另外，藝術總監嚴福昌、院長張開國、秘書長李延煊、副秘書長楊大武、副院長任庭芳、辦公室主任夏官祿、藝術室主任錢兆鴻、舞美團團長李國昌、樂團團長唐介爲、樂團副團長陳平、舞蹈教練張淑君、特邀童星李王小聖。

以上總計參與訪台公演五十九人，研究其背景，似乎全部四川人，真是「格老子要得」。只有二位不是四川人，花旦崔光麗是吉林省朝鮮族人，畢業於四川劇校，主攻閨門旦、花旦、刀馬旦、奴旦，爲四川一九九五年「十佳演員」，另一位紅生錢兆鴻，浙江嵊縣人，也是四川劇校畢業，師承川劇名家劉榮森，主攻紅生、老生。（「旦」的區分各種戲劇不同，如台灣歌仔戲有花旦、苦旦、老旦、帥旦……等）

耳目一新的川劇：白蛇傳

如果你看過電視系列片《中國一絕》中的《川劇變臉》，大概忘不了四川省川劇院演出的《白蛇傳》。近年來，這個戲震撼香港，享譽西歐，傾倒東京，深受東西方人士青睞。

《白蛇傳》中白娘子與許仙的愛情悲劇，在我國可謂家喻戶曉。幾乎全國各劇種都保留這一傳統題材。

川劇《白蛇傳》卻與眾不同：許仙原是佛祖殿前的桂枝羅漢，在佛法森嚴的天庭，敢於藐視佛門清規，私戀白蛇而被謫貶下凡，白蛇則掙斷白蓮池枷鎖，私奔塵寰，尋找許仙。他倆的真摯愛情既受阻於天上，也不容於人間。受佛祖差遣，阻撓和破壞兩人美滿婚姻的，除法海之外，還有一個由蛤蟆精變化的王道陵。青兒本系男身，原在人間修煉，欣逢白蛇掙鎖下凡，他敬慕白蛇大膽反抗佛祖，卻又憂其勢孤力單，甘爲倆愛情生死與共。故在撮合許仙與白蛇之間的婚姻時，是一個聰穎機智、活潑伶俐的俏丫環，再與法海、王道陵做生死搏鬥時，則還其男身，顯示出剽悍剛烈的俠義氣質。一個人物兼有男女兩種性格，既矛盾，又統一，表現出獨特的個性。一九八〇年，該院赴香港演出川劇《白蛇傳》，當地觀眾將它與粵劇、京劇、香港歌星潘迪華主演的音樂舞台劇，以及日本演員山口淑子主演的電影《白蛇傳》相比較，結論是川劇"別具風格，令港人眼界大開，不愧爲川劇戲寶之一"。

音樂唱腔是區別劇種的重要標誌，在這方面，《白蛇傳》採用川劇高腔"幫（腔）打（擊樂）唱（腔）"這一傳統演唱型式，到了一個較高的完美層次。川劇中，人們最愛高腔，早在清代已很流行，雍正時有高腔戲班「老慶華班」，也在附近各省流行。

打擊樂中調式不同的定音大鑼，與演員們的優美唱腔緊密結合，更富有戲曲特有的節奏感和韻律美，古弋陽腔”一唱眾和“的幫腔藝術，在此劇中得到進一步的繼承與發展。白蛇掙鎖下凡，駕祥雲來到西子湖畔，幕後一聲”地老天荒，人間春色天堂“的女聲幫腔，高亢婉轉，與天幕上大寫意的背景虛實相生，展示出聲畫一體的美妙意境。水漫金山一場中的男女混聲幫唱，伴隨著川劇嗩吶特有的金屬聲，烘托出白娘子傲岸不屈的磅礴氣勢。多種形式的幕後幫腔，使人在欣賞上獲得一種獨特的美的享受。

川劇《白蛇傳》被西方戲劇家們譽爲”化妝與角色變幻的世界大師“，全劇出現的人、妖、神、等角色多達五十餘齣，像金面大耳如來佛，額頭突出的南極仙翁十八羅漢的面具，眾水族的穿戴與造型，還有那大腹便便的哼哈二將，皆各具風姿。在空間上穿透「三界廿八重天」，創意性超越「哈利波特」。

白蛇先以花旦應工，次以閨門旦當行，再以短打武旦挑梁，她與青兒若干配合默契的舞蹈、武打動作，諸如站肩、托舉、龍纏腰等綜合運用了傳統的、現代的、民間的、武術的、體操的、乃至西洋的多種技巧，並加以開掘、延伸、拓寬變化，在戲曲傳統美與現代美的有機結合之中，創造出一種情舞相融、神形兼蓄的藝術境界。

「白蛇傳」之吸引人，還有一個基本原因，它代表人類心中理性和感性的衝突，及出世和入世，戒律與情愛的衝突。而衝突是一種背判，此二者（衝突、背判等悲劇性元素）最能「驚天地、泣鬼神」感動十方三界一切生靈，人何能不受感動！

戲中還有一些變幻莫測的特技表演，特別是"變臉"，可謂一絕，護法韋馱突然踢開額頭上那只平素緊閉的慧眼，法力無邊的紫金鐃缽再與白娘子交鋒的時候，刹那間幾番變臉，先綠臉，次紅臉，後藍臉，再以黑臉現出本相……這令人驚異的變臉，瘋魔了億萬中外觀眾，一九八七年五月，川劇白蛇傳在日本首都東京公演十八場，場場爆滿，日本有關部門先後實錄三次，測出川劇變臉的時速爲二百七十分之一秒，個中奧祕卻始終未究出。

小結：兩岸川劇共繁榮與提問

巴山蜀水是一片神奇而古老的土地，這裡物華天寶，鍾靈毓秀，吉稱天府之國。四川"三星堆"遺址的掘現，證明了巴蜀文化的悠久歷史，巴蜀之地是長江上游華夏文化興起的一個策源地。

川劇是我國西南地區影響最大的地方戲曲劇種，融合了高腔、昆曲、胡琴（皮黃）、彈戲（梆子）及四川之民間燈調多種聲腔，在巴蜀文化的薰陶中形成了獨特鮮明的劇種風格，在全國三百多個戲曲劇種中獨樹一幟。它劇目豐富，行當齊全，表演細膩機趣，尤擅利用奇妙的表演手法和特技、絕技刻劃人物，音樂內涵紛雜，形成多樣，極具感染力。它是四川及西南地區人民生活的一部份，群眾喜聞樂見的一種重要表演形式。

進入現代社會以來，本著對傳統川劇挽救、繼承、改革、發展的方針，攝錄了一大批老一輩表演藝術家的代表性劇目，整理出版了近百部川劇史誌藝術專著，湧現一批劇作家和十多位中國戲劇"梅花獎"演員。以《變臉》、《死水微瀾》、《中國公主杜蘭朵》、《四川好人》、《山楨爺》等爲代表的精品劇作，體現了中國戲曲九十年代創新的成就，成爲華夏民族文化的突出範例。

川劇已先後多次赴台灣演出，均獲得圓滿成功。一九九九年四川省川劇院應台灣天府川劇團邀請，把最新創作《變臉》和耳目一新的《白蛇傳》等劇目，再度爲台灣川劇愛好者和廣大同胞觀眾演出。

以上是我對巴蜀文化中的川劇一點初淺的探索，一個「從未到過四川的四川人」，初次返鄉，竟然來向祖國老鄉親們談川劇，豈不在關公面前舞大刀，孔老面前論文章嗎？真是有些「愛說笑」。理事長林靜助先生原是要我報告閩台文化，因臨時沒有「材料」可用，僅有手邊一些川劇資料，整理成本文。

但川劇和閩台文化無關嗎?恐怕閩台文化中也包含了一些川劇，因爲一九四九年各省戲劇也部份到了台灣，且經過半個多世紀的發展，以這回四川省劇院來台公演，就是應「台北市天府川劇團」邀請，並得到「中華文化協進會」執行長王沈文蓁女士、中國電視公司、沈春池文教基金會（一個與黃埔有緣的基金會）、京華證劵公司、傳統藝術中心、姬氏影視工程公司等援助，公演得以順利完成。

兩岸同胞血濃於水，川劇是巴蜀文化之經典，但台灣也有川劇，有川劇團，有很多川劇愛好者，未來可能研究閩台文化者，不能不提台灣川劇吧！我把兩岸一些川劇資料也列附件供參考。

（二〇〇九年十一月十日，在重慶西南師範大學及重慶大學座談會簡報，年底再修訂。台北萬盛山莊主人陳福成誌。）

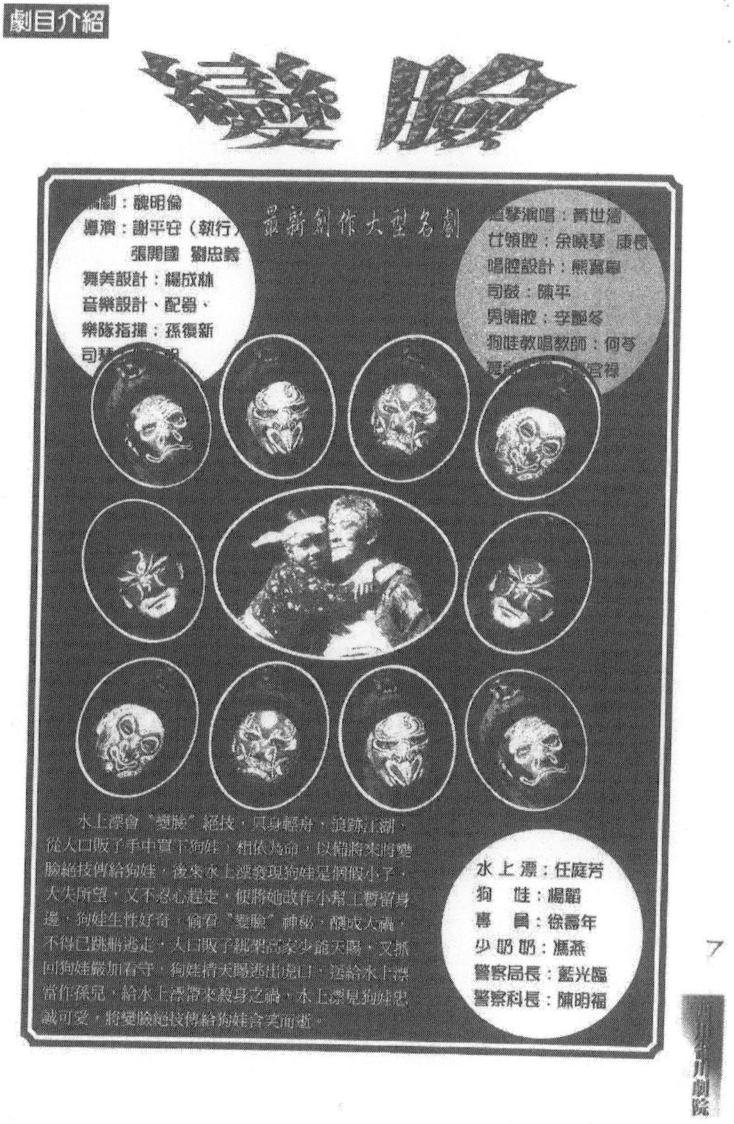
劇目介紹
變臉
最新創作大型名劇
導演：謝平安（執行）
張開國 劉忠義
舞美設計：楊成林
音樂設計、配器、
樂隊指揮：孫復新
司鼓：陳平
水上漂會"變臉"絕技，隻身輕舟，浪跡江湖，從人口販子手中買下狗娃，相依為命，以備將來將變臉絕技傳給狗娃，後來水上漂發現狗娃是個假小子，大失所望，又不忍心趕走，便將她改作小幫工暫留身邊，狗娃生性好奇，偷看"變臉"神秘，釀成大禍，不得已跳船逃走，人口販子綁架富家少爺天賜，又抓回狗娃嚴加看守，狗娃揹天賜逃出虎口，送給水上漂當作孫兒，給水上漂帶來殺身之禍，水上漂見狗娃忠誠可愛，將變臉絕技傳給狗娃含笑而逝。
水上漂：任庭芳
狗　娃：楊韶
專　員：徐壽年
少奶奶：馮燕
警察局長：藍光臨
警察科長：陳明福
7

劇目介紹

變臉

魏明倫近影

謝平安與任庭芳相互切磋

任庭芳飾水上漂

張開國給演員說戲

謝平安與主創人員一起（右起劉忠義、孫復新、熊翼皋、陳平）

楊韜飾狗娃

馮燕飾少奶奶

李王小聖飾天賜

何洪慶飾梁素蘭

徐壽年飾專員

盧光臨飾警察局長代人販子

毛庭齊飾副官

陳明韜飾科長代人販子

白蛇傳

劇目介紹

白蛇勇鬥青龍拐杖。

眾水族猛撲金山寺。

蚌殼精勇鬥金山寺。

劇目介紹

變臉

法海命令紫金鏡鉢捉拿白蛇。

風火二神大戰青白二蛇。

紫金鏡鉢九變化身終將白蛇降伏

劇目介紹

懷[illegible]驚夢

★轉換上演優秀傳統折子戲★

石懷玉殺妻再娶，內心膽戰心驚。

石懷玉上京赴試，病倒途中，幸遇狐仙相救，名中首元入贅相府，竟害糟糠，新婚之夜，疑神疑鬼，夢中偶見亡妻醒來竟驚懼暴死。

夢見前妻來捉拿自己，醒來才知是一夢。

訪友

祝英台與梁山伯同窗三載，一朝分別情深難捨，自許終身，梁山伯祝莊訪友提親，祝英台改扮不及女裝相迎，想到己身已許馬家，悲憤交集，眼見婚姻不成，梁山伯也痛不欲生，川劇高腔代表劇目，有唱有做聲情並茂。

梁山伯：張家芳　祝英台：崔光麗

梁山伯赴祝家莊訪問英台。

英台原來是女兒之身。

因英台已許馬家，山伯含恨而別。

劇目介紹

蕭方殺船

水賊蕭方脅迫翠娘成親，繼見庚娘貌美又起歹念，假意與其夫金大用結為兄弟，在送別的船上謀夫奪妻連喪二命。

蕭方乃殺人越貨之江洋大盜

蕭方見美色迫翠娘勸庚娘順從

蕭方欲殺金大用強佔庚娘

金大用終被蕭方殺死

13

新芬徵

梅龍鎮

明今

李鳳姐：何苓
正德皇帝：李豔冬

明朝正德皇帝微服私訪，夜遊梅龍鎮，與李鳳姐邂逅。正德皇帝見李鳳姐聰明美麗、天真無邪，故與其戲謔調笑，鳳姐伶牙俐齒，巧妙周旋，生出許多情趣。

梅花獎演員"何苓"

正德皇帝在梅龍鎮酒家驚艷。

李鳳姐純真貌美，機智過人，終被封為妃子。

劇目介紹

問病逼宮

楊廣：藍光臨
陳妃：李凡
楊堅：壚方榮
國太：周建珍

隋煬帝楊廣假借入宮問病，實為謀奪王位，見陳妃貌美上前調戲，氣死父王，旋即逼母奪印迫陳妃為妾，淫亂宮庭篡權稱帝。

楊廣逼宮辱母，獸性大發。

終於將生父氣死，並奪璽篡位。

新芳薇

周夢德：張家芳
玉翠書：崔光麗

夜歸

書生周夢德與書友孔德福締結金蘭，情如同胞，一日孔生路過桑園邂逅兄嫂，驚豔成疾，病入膏肓，周夢德黌夜問病，方知原委欲勸愛妻改嫁從友。

孔德福被周夢德妻豔色所迷，周與妻商量。

夢德勸妻去探好友之病。

夫妻一場爭論後，玉翠終同意前往。

劇目介紹

殺狗

焦氏：劉燕
曹庄：李藍冬
曹母：周建珍

曹庄隱退，焦氏不甘清貧，虐待婆母發洩怨氣，曹庄殺狗警妻，婆媳和睦如初。

曹庄怒責焦氏虐待母親。

曹庄怒殺黑狗警妻，婆媳和睦如初。

聶小倩：沈麗紅
陳倉老魔：馮燕
寧采臣：何洪慶
燕赤俠：毛庭齊

陳倉老魔唆使亡女鬼小倩返回人世，加害書生寧采臣，豈見寧品學兼優，頓生愛慕，老魔惱羞成怒，親自出馬為害作孽，被道士燕赤俠飛雲劍收服。

本劇男女主角三人在生死存亡鬥爭中，爭相變臉，為川劇變臉藝術大放異采。

榮獲花旦一等獎演員沈麗紅

陳倉老魔令小倩前去陷害書生寧采臣。

小倩見寧品學兼優頓生愛慕之心

新秀儀

劇目介紹

飛雲劍

名小生何洪慶飾書生寧采臣。

名演員毛庭齊飾俠客燕赤霞。

陳倉見小倩叛變，親身出馬，欲害采臣。

燕赤霞用飛雲劍斬去老魔左手，救采臣出險。

新芳儀

六月雪

竇娥：何芩

元代大戲劇家關漢卿《竇娥冤》之一折，寫竇娥臨刑盟誓三椿，含冤被斬，時值六月酷暑，天降大雪，本劇為何伶榮獲梅花獎之作。

竇娥含冤被斬，時值六月，酷暑天雪。

「格老子要得」台北市天府川劇團

近代中國人苦難何其多！兩岸同文同種同國同一家人，卻隔絕了半個世紀，思想、文字、生活乃至語言溝通，都產生了「異化」！慘啊！慘！

在官方的政治、軍事仍在對峙中，幸好在野子民已經在努力要把這隔絕清除，「中華文化」是最好的修橋補路工具，民間的力量看似不大，實則極大，孔子說「禮失求諸野」，孫中山先生也說過，「中國的民族主義在官方和上層社會已經亡了，只存在於下層社會，尤其洪門及民間會黨。」之類的話。可見文化的推動，用文化完成國家統一，最初到最終，仍要靠民間的力量。

民間力量是一種「微言大義」，春秋大義的力量也在此。這是會用文字報導這些民間、民間人士的動機之一。一九九九年的二、三月間，台北市天府川劇團邀請（也主辦）四川省川劇院來台公演，三十天環島六大城市巡回公演。三月六日的晚餐，由洪門大哥做東，另外在台的重慶、四川等同鄉會，也都宴請川劇院的同胞朋友們。

這陣子全島夯川劇，尤其「變臉」更是經典中的經典，其他如白蛇傳、梅龍鎮、六月雪、飛雲劍等，實在也是經典作品。

這陣子，在台北國際會議中心，在清華大學，在宜蘭縣立文化中心，在國父紀念館，在嘉義市立文化中心，在高雄市國軍英雄館中正廳，在台中市中興堂，吸引一波波人潮，沒想到這麼多「台灣人」也愛看川劇，愛「變臉」，愛「白蛇傳」……對啦！台灣歌仔戲也演「白蛇傳」嘛！文化的力量多麼結實，獨派要搞「去中國化」，豈不「草蜢弄雞公」，白白當了雞公的消夜嗎？

因此，我要說，「格老子要得，硬是要得！台北市天府川劇團」。

川劇流傳到台灣才不過半個世紀，較早有台中天龍川劇團和台北玉壘川劇團，後又由台北市川康渝同鄉會組成天府川劇團。改革開放後不久，北市川劇團長蔡啓國先生，率先回川，尋訪班友。

這個台灣的天府川劇劇團組織不大，實際上沒幾個人，據說是民國五十年代早期老將軍楊森創辦的，但長期處於「萌芽」狀態，直到八十年代有晏明先生支持，一年才有兩三次上演的機會。後有張家治先生和易潔進入同鄉會理事會，以及天府川劇團，又有李公權先生配合，才掀起天府川劇的高潮，演出「闖公堂」，國家劇院連場滿座，中南部同鄉包車北上看戲。天府每年演出十多場盛景，使天府進入全盛時代。

近年來，四川省川劇院「變臉」甚是轟動，台北市天府川劇團邀請（也主辦）來台公演，其他協助者尚有玉壘川劇團、姑媽（不知何人？）、中華文化協進會、中國電視公司、沈春池文教基金會、京華證券公司、傳統藝術中心、姬氏影視工程公司等，大家都衡著同是中國人，要用中華文化交流加速國家統一。尤以天府川劇團的張家治、楊萬運、蒲發軔、王澤玲、易潔、王若平、閻澤民、黃光彬等八人，他們的「微言大義」、事跡，不能戲完了，就統統結束了，過去了。他們應留在歷史上，爲後世之典範。

二〇〇九年十一月，「一隻鮭魚」在另九隻「名貴魚種」陪同下，從遙遠的海外小島，游啊游的，一關一關過，經過重慶（在我的感覺上，重慶仍是四川之一部份，如今是直轄市，對我而言無差。）終於到成都，也去看了川劇（如後章節記述）。

台北天府川劇團也都是四川人，只有一位王若平是廣東人，一位台灣人，詳細如簡介。

榮譽團長 張家治

天府川劇團
榮譽團長 張家治

四川省金堂縣人，1949年出生。陸軍官校畢業，退伍後從事美國佛羅里達陽光海岸之地產業非常成功。二十年來，他經營旅遊業，開放探親後，他由四川九寨溝、長江山峽做起，近年來差不多每年都有五、六千人到大陸探親旅遊，貢獻不小。

他是一九八八年台灣開放大陸探親開始，因易潔帶同鄉會老兵探親團，由他公司經營，對同鄉探親非常優待，因而把他拉進了同鄉會，又把他拉進了天府川劇團作副團長。在他的贊助下，天府川劇團在國家劇院上演《闖公堂》場場爆滿，獲得空前的成功。慶功宴開八桌，喜汽洋洋。

89年年尾張家治榮任天府川劇團團長，他就任以後，89年、90年把台北市天府川劇團帶入了全盛時代，不但每年演出都在七、八場以上，同時兩年兩次，天府的主要演員都到四川作川劇交流演出，在經費上他給了很大的贊助，尤以第二次交流，全部耗費台幣在六十萬以上均由他慷慨解囊，他說：「為了川劇，沒得關係」

三年前他把天府川劇團交給了華山（易潔），他只擔任榮譽團長。數年來，他在成都除旅遊業外，又經營了時裝業，又在一環路西三段18號製產開了《今夜不太晚》台式酒店。

此次天府川劇團邀請四川省川劇院訪台文化交流演出，易潔前去找他，他說：「榮譽團長義不容辭」，他又出面大力支持。他把60人的流程改為成都-香港來回都直飛，全部行程由他安排，不但為我們節省旅費台幣五十萬以上，又讓全體成員得到最舒適方便的享受，我們演出委員為他對川劇的貢獻在此表示深深的感謝。

天府川劇團第二次大陸交流演出歸來，華視董事長易勁秋設宴慰問。

在國家劇院上演《闖公堂》成功，慶功宴上團員祝酒。

在成都川劇學校，與川劇皇后許倩雲合影。

新年團拜在國軍英雄館觀看天府川劇演出。

演出委員 楊萬運教授

楊萬運教授出生重慶。係抗日名將一陸軍上將一楊森將軍之愛女。抗戰時期，楊森將軍曾任四川省督辦，又奉先總統蔣公之命，出任第一屆貴州省主席及重慶市市長。當政期間，發動各級政府及民間，修馬路、架橋樑進行各項市政建設，他又極積推動運動、音樂及藝術，這和他年輕時當過文武狀元有關。軍職時曾經寫作廿幾部愛國愛民的劇本在軍中演出。

楊將軍來台後，任體育委員會主席，除倡導各項運動又創建了台北市天府川劇團。讓鄉親們在節日，領略到故鄉的川劇，至今四十餘年，使川劇在台灣開花結果。開放探親以來，後繼者展開海峽兩岸多次交流演出，果實累累。

楊萬運教授獲有台灣大學文學博士、美國紐約大學戲劇博士及密蘇里州林迪悟大學榮譽人文博士。在校中更多次為台灣世界劇展為導演，並寫有〝室友〞英文劇本在校中演出。在當上屆中華戲劇學會會長時，更兩度被邀去大陸作兩岸三地之戲劇交流。

此次四川省川劇院應天府川劇團之邀訪台演出，帶來好戲連台，楊教授愛國又熱愛戲劇，對此次交流演出，盡心盡力，悉心指導，在此深以為謝。

中華民國八十七年五月二十三日／星期六

中國時報

【台北訊】師大英語系資深教授馬楊萬運女士獲美國密蘇里州林迪悟大學（Lindenwood University）頒贈榮譽博士學位，並受邀在該校今年畢業典禮致訓詞。林迪悟大學頒發國外人士榮譽學位過程嚴謹，去年獲頒者為巴拿馬總統夫人朵拉女士，顯示馬楊萬運教授多年在教育及國際文化交流方面，貢獻卓著。

馬楊萬運教授於師大英語系任教近卅年，目前為泛太平洋暨東南亞婦女協會之四位副主席之一，該協會擁有廿一個會員國。馬楊萬運教授平時除致力教學工作，並積極參與國際文化交流活動。每年定期於國際婦女期刊發表文章。林迪悟大學為一具有一百七十二年歷史之大學，該校每年均遴選二位美國國內學者及一位在人文方面有優良貢獻之外籍人士，贈與榮譽博士學位，遴選過程嚴謹。

馬楊萬運教授此行除接受榮譽博士頒贈、為該校事業生致訓詞之外，同時獲得林迪悟大學所在地Saint Charles市及附近City of 0 Ffllon兩市市長致贈市鑰，不僅顯示她對國際間人文工作備受肯定，國內教育界亦與有榮焉。

楊萬運教授與演出委員們合影。

22

蒲鄉長，四川西充人氏，早年就讀西充縣中第一班。民國三十二年考入國立中央工校，畢業後考入空軍官校二十六期肄業，機校正科班十期畢業。

退役後轉任聯勤工程署設計工程師，服務十年後退休，即搜集資料，編著「蒲姓族譜」及「蒲壽庚行誼與先世籍貫」兩書，並組織世界蒲姓宗親總會。又發起組織台北縣四川西充同鄉會，並担任總幹事兩屆八年。另擔任重慶建築大學暨中央工校台灣校友會秘書長。

蒲氏幼時即喜愛戲劇，曾於學生時代客串登台演出，並學習化裝之術，進年熱愛各種地方戲曲，其中搜藏川劇錄影帶尤為精彩豐富。

此次台灣天府川劇團邀請四川省川劇院來台公演，因戲目極為精彩，他在鄉親中特為推薦，鼓勵同好踴躍觀賞外，對我們演出委員會的籌備和推動都非常關心，更參與不少寶貴意見，貢獻良多，特此致謝。

演出委員　蒲發軔

演出委員　王澤玲

王澤玲小姐出生於四川重慶。係抗日名將王纘緒陸軍上將之愛女。抗日戰爭時期，王上將奉　先總統蔣公之命，出任第一任四川省主席熱心社會改革並在任期間熱心推動川劇。王小姐幼時即在此種環境中耳濡目染，酷愛川劇。

抗日戰爭後，王小姐遠嫁印尼僑商，但遇有川劇團來台演出時，必來台觀賞。為了讓她的幼子前來台灣受中文教育，曾來台定居十年，成為天府川劇團的良友。其中王澤遠鄉長原為華視編劇名家，曾編寫《江南遊》等連續劇，轟動一時。姐弟二人均熱心參加台北縣西充同鄉會多種活動。其妹劉澤湘（隨母姓）小姐，為川劇明星演員，去年夏初曾隨成都川劇聯合團來台演出。王小姐與弟妹三人，甚受在台鄉人敬愛。

此次四川省川劇院來台演出，籌備期中。王澤玲小姐曾關心地參予出謀獻策，協助此次文化交流巡迴演出，走向成功。

演出委員 華山

（易潔）

一九二一年出生在四川樂山牛華鎮。十六歲時由學校抗日宣傳隊而參加劇團從事演藝事業，曾隨抗日演劇第九隊工作六年，奠定了演藝堅實的基礎。並隨演劇隊參加《遙遠的愛》《八千里路雲和月》《一江春水向東流》等電影拍攝工作。

六七十年代，他在香港曾組織歌舞團、話劇團、歌劇團……等到東南亞各國巡迴演出，轟動一時。又於七〇年代率七十二人之東方藝術團赴歐洲拍攝電視及在西歐各國巡迴演出，均非常成功。

一九七六年，他因拍攝《七十二煞星》及《百萬將軍一個兵》兩部影片擔任製作人、副導演及參加演出，由香港赴臺灣拍戲。因而申請臺灣定居，並參加台北四川同鄉會任理事。

開放探親以來，他除了帶領台北四川同鄉會老兵探親團三十餘團約六百餘人回鄉探親外，又於八九年、九〇年兩次組織臺北天府川劇團赴四川作文化交流演出，深受嘉許。此次，他盡心盡力邀請四川省川劇院赴台演出奔波於海峽兩岸，他說：「把大陸最好的戲邀請來臺灣，讓全體臺胞欣賞，若能成功，也不枉從事了一生演藝事業……」。

演出委員 王若平

一九四三年七月廿八日，生於廣東省大鵬灣的小魚村。幼年，經常隨父親來往在家鄉與香港之間，小學在兩地完成，中學及大專在惠陽完成。一九六一年冬回到香港，就學於邵氏公司所辦的南國劇藝社，畢業後，即踏入影劇演藝的行列。除了大型舞台劇演出《謝瑤環》、《山歌姻緣》、等歌劇外，參予了影片胡金銓導演的《大醉俠》、張徹導演的《江湖奇俠》電影。

八十年代赴台灣拍攝《八大盜》、《天王劍》、《刀客》等武俠電影，並不時參與電視演出，又曾參予電影的編寫和擔任副導和導演，三十年來拍過的戲在八十部以上。本人愛好舞台劇及歌舞，對中國民歌山歌興趣很濃，看了川劇《變臉》後，感於川劇的博大精深，特地參予了四川省川劇院訪台巡迴演出的製作，為海峽兩岸的文化交流盡一份心力。

演出委員 閻澤民

四川省三台縣人，1918年出生。就小學時，四川川劇在民間發展得十分普遍，連四川的每一個鄉鎮，到處都是業餘的《玩友》，閻澤民在學校老師的引導下，就開始了川劇《玩友》的活動。

十八歲時參加了三台縣的政府工作，在縣城的玩友活動中，會見了不少演唱人員和著名鼓師。因此奠定了玩友打與唱的基礎。

1941年參加青年遠征軍抗日，在野戰生活中，常以唱川劇來排遣軍中寂寞。49年隨軍移戰來台。1972年台北市玉壘川劇團成立，創辦人立法委員徐中齊任團長，閻澤民任總幹事，後昇為副團長，83年徐團長逝世，閻澤民接任團長，在經費及人力均缺乏情形下，克服種種困難並吸收了不少青年平劇演員來學習川劇。日積月累，成效頗著。十多年來，不斷參加文建會、教育部、台北市政府舉辦的戲劇節和各種慶典活動，共演出川劇卅十餘場，不但獲得觀眾讚賞，同時更獲得各主辦單位頒發了獎牌及榮譽獎狀多種。1987年更獲得教育部主辦的第三屆民族藝術季薪傳獎。閻團長獲獎興奮之餘，深感對川劇的辛勤播種，沒有白費，加深了他對川劇傳播永恆的精神。

1976年生，宜蘭人，對藝術方面有極濃厚的興趣尤其愛好音樂、武術，有志於將兩者結合，發展一個新的方向。他是在四川成都首次看了省川劇院的演出後，覺得川劇在表現形式、唱腔、音樂、舞台工作各方面都有無窮的表現魅力，因而對川劇藝術著迷。

此次，四川省川劇院來台訪問演出，他全心投入，盡心盡力成了演出委員的一名猛將，他表示這次學到了很多，也體會到了很多，深深了解到要復中華文化要靠你、我大家共同的參與和支持，並希望以後能繼續為弘揚中華文化盡一己之力。

演出委員 黃光彬

川劇藝術是中國藝術之瑰寶，所有川劇能表達的劇目，台灣歌仔戲也能表達，惟形態方式不同，文化意義是同樣，都中華文化的奇花異草，不時爭艷表現。川劇在台灣發展五十年，可能已加入一些新要素，更可能成爲「另類閩台文化」，但終是中華文化之一環，以中華文化五千年深厚的土壤爲「永恆的母親」，不論台灣川劇如何變、變、變！或閩台文化如何變、變、變！我們終究以「母親的奶水」爲永恆的營養，再進行發明或創新。

中國衰弱了一百年，又內戰分裂了一百年，至今尚未統一，兩岸子民仍在努力，台北市四川同鄉會（筆者也是會員）組織章程，第三條本會宗旨曰：「團結國內外鄉親，肩負鄉邦歷史文化傳承任務，次第培育後代子孩，發揚鄉親倫理性、親睦性、互助性情感交流，促進安和樂利之社會建設爲目標。」兩岸四川人，好好努力吧！讓我們從文化（文學、詩歌、戲劇等）交流，加速兩岸社會的同一性與相互了解，進而完成國家統一。

不要看輕了你手上的筆，「一支筆勝過一個艦隊」，也別以爲只是一首詩，一篇文章或一場表演，微言大義在其中。（本文資料來自川劇公演時的各種宣傳品，一九九九年春記錄草稿，二〇〇九年十一月十日，在重慶西南師範大學和重慶大學座談會報告，年底再修訂。台北萬盛山莊主人陳福成誌。）

第四章　金刀峽傳奇〈註記〉

金刀峽在此隱逸，不比三峽
也不亮刀，不行走江湖
億載風華成為一首未被史官采緝
收存的軼詩
我們仍慕名而來

沿著一階階天梯墜落，很多人說
兩顆星球在膝蓋上使勁的碰撞
經過了一個又一個不同的世界
果然，深山幽谷中秘藏著絕代傳奇

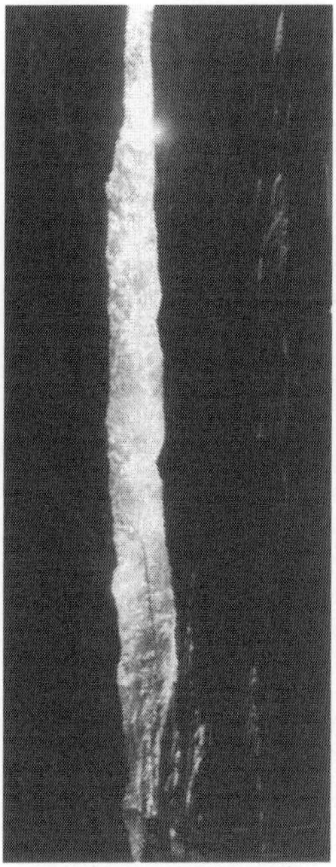

峽，高削參天的臉孔
　氣勢冷峻而嶮巇，望之生畏
林，秀麗親切的招呼
　總算鬆了一口氣，驚鴻生情
岩，古今中外奇中奇
　格老子硬是要得，硬骨生敬
水，自古生代來幽居
　未碰文明之閨秀，芳澤生愛
你雖默然，許多物種已急著揭發傳奇故事

有一小隊魚種自高處游來探險
企圖找到更多神奇飛瀑和洞穴
更有風向岩層裡鑽
企圖找尋恐龍時代的盟友
各色人種，各年齡層，想來論劍

都說：金刀峽在此　我來試身手

十里棧道如潛龍在幽谷翻飛
魚兒快樂悠游唱歌
歌聲在谷中懸空棧道間迷途
只有猴類不會迷路
那懸於千尺之上的古藤族
風的助勢下，竟也演起空中飛人
一隻枯葉靜俏俏自空谷飄然而落
與水溫柔的對話，他們說
魚兒在蒼茫暮色裡進化、修行
很快能頓悟

信不信由你
這裡的陽光、空氣和水

不僅能洗塵，就連
社會主義、三民主義和資本主義
都被洗掉了還有歷史包袱、治國平天下等理想
也洗得乾乾淨淨
心　空了
此刻，你才算完全脫離一切物質的　以及
一切非物質的殖民統治

聊著，轉個灣又熱鬧了起來
大大小小滴泉爭相表演各種花式跳水
微弱的陽光和眼睛玩躲貓貓
熠熠星輝從水面上把媚眼拋來
人在峽中走，水在懸空飛
流爆又濺起水霧與暮色蘸和
畫成一幅空靈絕美的金刀峽傳奇

只是留白少了些

偶然，有魚話鳥聲傳來　那樂音
有沿峽谷盡頭溜逸，不知去向
有凝結在岩層，從此禁聲
有鑽潭入洞，引出另一批訪客
而那晶瑩剔透的水聲。凝成一塊
寶玉　繫於你的刀柄
這把寶刀永恆的頂立神州大地

一行人駕一葉鐵舟（註記）
穿梭在馬尼亞納海溝的感覺
餘暉在峽壑間走出
拿起于右任的毛筆
在清澈溪水上揮灑出一幅幅草書

波光粼粼的水鏡映出
姑娘帥哥的笑靨
走山峽谷最後一段水聲最不捨
滴出的，是送別的歌聲

這天晚上，金刀峽給我一個夢
夢境　正渾沌初開，宇宙大白
你承載這裡的眾生，當他們都圓寂後
都住在你心房，偶爾與你談心
每個時代、每個物種的寂滅
你都是見證者
守住這個世界，任其苦寂滅空也罷
我就是不比三峽，不亮刀
我還是頂天立地之龍俠
你手握金刀這麼說的

註記：

金刀峽位于重慶市北碚區華鎣山西南麓，海拔九〇〇米，距重慶市中心七十公里。西南大學是在第四天（十一月九日），安排了這個行程。

這是一處保持著原始古老神奇的峽谷自然風景區，以上億年的峽谷幽壑景觀爲主，以岩溶地貌景觀爲輔，兼有大量的地質上稱「壺穴碧玉串珠」的深潭絕景，不同於中國其他勝景。

金刀峽地勢雄偉，以峽著險，以林見秀，以岩稱奇，以水顯幽。峽長約十公里，分上下兩段，上段由于喀斯特地質作用，地面切割強烈，金刀神工般形成了獨特的峽谷溝壑，石壁如削，兩山岈合，垂直高度超過百米，上有古藤倒掛，下有潺潺流水。

下段由于流水侵蝕力的作用，有眾多洞穴群，潭潭相連，飛泉瀑布層層疊疊。古鍾乳、石筍、石柱有是千姿百態，堪稱全國最長的峽谷十里仿古棧道，讓人驚嘆不已。行棧探幽，將感悟那蘊藏于大自然山水間的天地靈氣。

十里棧道觀景，以雄、險、奇、幽著稱；集瀑、泉、洞、峽于一體，是讓人回到原始自然的寶地。

谷底溪水清澈，有一段須乘鐵皮船，在地底溪流中穿梭，感覺很特別，很原始，人與自然合一了。

金刀峽勝景留影

2009/11/09

今修古栈道航忆渡陈仓

2009/10/07

2009/10/07

金刀峡
国家级旅游区

第二篇
中國新詩的精神重建

— 當代中國新詩的現狀與發展走向反思

我報告本篇論文，右是復旦大學中文系教授葛乃福，他也是上海大學詩學研究員，為本場次主持人。

本文為這次參加論壇所提報之論文，收錄於西南大學的論文集中，並於二〇〇九年冬到二〇一〇年的「藝文論壇」分期發表

第三届华文诗学名家国际论坛
The 3rd International Forum of Celebrated Experts on Chinese Poetics
主办：西南大学中国诗学研究中心　西南大学中国新诗研究所　《文艺研究》编辑部
中国・重庆　2009年11月
2009/10/05

西南大學
&SDS
文化与社会发展学院
2009/10/05

The 3rd International Forum of Celebrated Experts on Chinese Poetics
主办：西南大学中国诗学研究中心　西南大学中国新诗研究所　《文艺研究》编辑部
中国·重庆　2009年11月

中國新詩的精神重建

關鍵詞：中國新詩、精神重建、華文新詩、台灣新詩、詩體重建、詩體形式、中國新詩戰略觀

摘　要：

一、前言：從詩歌的民族性說起。

二、現狀觀察與理解（目前的精神狀態）：質量與輝煌的迷思、山頭林立或自由競爭、低級審醜或大眾流行、朦朧晦澀和曖昧、評論制度處於原始狀態和戰國時代、政治和文學誰綁住了誰？

三、路：中國新詩的本質和我的新詩戰略觀（思想精神）：中國新詩的本質：詩、詩人、中國詩人和中國新詩的本質。我的中國新詩戰略觀：春秋大義、中華文化、傳統詩學與「健康、明朗、中國、開放」。

四、中國新詩的二次革命、詩體形式重建與精神重建：概念質疑、詩體形式與社會發展、二次革命內涵、精神重建領域、形式內容與民族命運。

五、結論：未來努力方向

壹、前　言

中國新詩發展至今尚不足百年（從一九一七年二月胡適發表「白話詩八首」開始），在中國文學長河中，還算極短暫，故有學者認為新詩的成長發展尚在轉型期。（註一）言下之意，我國新詩尚未成熟，這近百年來，走過「橫的移植」或「縱的承接」，乃至晦澀朦朧、健康明朗或各種主義論戰，甚至詩人與政客同步，用詩來分裂民族。

我從高中開始塗鴨新詩，停停走走也四十年了，也還反省著「自己到底寫些甚麼？」但對新詩發展走向，我始終關心，因為「文學是全民族的共同夢境」。

早在二十多年前，一九八七年四月九日，我心中「也是民族文學的良心」吳明興先生，致函「民族文學的良心」高準先生，信中提到：

> 且看看那些所謂的前輩（？）吧！十之七、八不懂甚麼是中國傳統詩學，亦即不知他們所企欲摒棄的對象究竟是甚麼樣的一個東西，便把那個東西樹立起來做為敵人……這也就是從白話詩到新詩到現代詩之所以百病叢生的原因……在現代詩壇中，能如您這樣……老實講，在年輕人中，幾已泯滅殆盡。（註二）

若然，現代中國人（含海外華人），用中國方塊字寫出來的新詩，是否已喪失了民族性？還有多少可以叫「中國新詩」（或華文新詩），更多的是否已成爲「東洋詩」或「西洋詩」，或只能叫「台灣新詩」（否認叫中國新詩），或根本甚麼都不是了！許多問題在心中回蕩……

二〇〇八年秋，我讀青年詩人馬忠先生（生於四川，現廣東作協會員）著作，「文本與言說」（北京：大眾文藝出版社，二〇〇八年九月），其中一篇文章「也說詩歌的中國性」，頗讓人感傷：

> 何謂詩歌的「中國性」？
>
> 近日，看了郜元寶的「離開詩」，文中說，「今天，無論是寫詩的還是讀詩的……都是失去傳統的無家可歸——同樣的虛驕傲慢與驚惶失措。」孫文波在「中國詩歌的中國性」這樣說：「在承認全球文化交融造成了中國性喪失的前提下，尤其是詩人的寫作者幾乎沒有中國性可言。（註三）

該文只承認有些「僞中國性」的東西，即是「僞中國性」，當然也算失去了中國性。更慘的，孫文波還認爲，國內的詩人，反而不如身在海外的詩人更懂得「中國性」爲何物？這是否表示「華文新詩」比「中國新詩」更具有民族性？馬忠在該文最後認爲，「我們完全有理由說，中國新詩大有希望！」原因是他也接受海德格爾觀點，世界的黑夜降臨了，詩歌的還鄉成爲我們「靈魂中最迫切的渴望」。這種「物極必反」的論述，我以爲太「寬鬆」，太不精確。

當問題像一艘無方向定位的船，在腦海中漂流。中國重慶西南大學中國新詩研究所舉辦「第三屆華文詩學名家國際論壇」，中國詩歌藝術學會理事長林靜助先生和葡萄園詩社主編台客先生，盛情邀我參加，並針對心中的問題提一篇論文。（私人的理由是我這生長在台灣的四川人，快到耳順之年，卻未曾到過四川。）

我乘此良機提報本論文，對於新詩近百年的發展史，不再追述（類似作品頗多），僅從現狀觀察理解、解讀、分析，試圖找到中國新詩未來發展走向，以供中國新詩精神重建的參考。

貳、現狀觀察與理解

中國新詩已在海內外呈現百花怒放的狀態，針對現狀稍加觀察、整理，可從六個切面進行初淺之理解。

一、質量與輝煌的迷思（Myth）

就「量」而言，中國當代新詩與詩人之總量恐已超越漢唐盛世。文曉村先生在「五十年來台灣詩風的演變」評文提到，有人估計，台灣每年發表的新詩至少有四千首，五十年應該有二十萬首之多。（註四）古繼堂（中國社科院副研究員）在他的著作中也說，台灣兩千餘萬同胞中，寫詩的就有上萬人，出版過詩集、比較著名的詩人達數百人。從詩的密度和比例來看，恐怕要數全國之冠。（註五）而單就葡萄園詩社一家，據發行人賴益成於一九九七年出版的「葡萄園目錄」一書記載，三十五年中，葡刊共刊出兩岸三地及海外近二千位作者的詩作或理論。（註六）大陸方面如何呢？古遠清在「台灣當代新詩小史」，宣稱有五百萬寫詩人口。（註七）是故，海峽兩岸的中國新詩人，已然形成一支龐人的百萬隊伍，兩岸詩刊詩報社將近五百家（不含舊體詩詞）。就量而言，能不說這是中國新詩的輝煌時代嗎？

「質」的觀察不易，本文不去深入研究。但以古繼堂的研究做說明，由於台灣詩人和外界的接觸和交流比大陸詩人與外界的接觸和交流頻繁和密切，因而在世界詩評獎中獲獎的及被選入國際性選集的詩人和作品，台灣比大陸的數量要多。（註八）古遠清也說，像余光中這類大家，大陸詩壇還找不到相應的對手。（註九）這「兩古」論證，是否可以看成台灣新詩的「質」較大陸爲佳，尚待公評。

勿論如何！當代中國新詩〈含海外華文新詩〉和詩人的「量」，應是一支「百萬詩人軍團」的規模，甚至上看可以和全國武裝部隊總兵力相等，多麼壯闊、偉大的一支「詩隊伍」，所產生的文化力量幾可無限。

每思及此，就要心花怒放，但讀吳明興致函高準的信和馬忠的評文，那「心花」又要在心海中垂滅；再被向陽一棍「打死心花」，向陽說：「台灣中國新詩的精神重建的現代詩壇在解嚴後其實已進入消頽甚至「死亡」的邊緣。」（註一〇）若然。這麼多新詩作品是不是一塊塊沒有靈魂的「行屍」？龐大詩人群是不是一個個沒有思想、沒有民族性的「走肉」？

二、山頭林立或自由競爭

當代中國新詩場域，台灣詩社林立，各有山頭；大陸則有派別之分。據詩人吳明興觀察，台灣的現代詩壇只有「社」而沒有足以稱學的「派」之出現。（註一一）這種分派立社，本是人類社會（其他生物亦然）的本性，但台灣詩壇有較多的負面形象（涉及統獨意識形態及其他理念之爭），因而不同詩社存有排斥，甚至歧視。「有感覺」的人都知道，勿須指名道姓，對於詩壇的山頭林立，我有兩種評價。

第一種是正面的。有如一座自然花林的自然競爭，百花開放，各展艷麗；百鳥爭鳴，各放妙歌。二〇〇九年春，我到高雄參加詩人聚會，並提報一篇論文，「偶然又見『掌門』：因緣漫讀三個掌門詩人：鍾順文、謝佳樺和子青」，這篇論文我如此結尾。

> 壯哉！掌門儼然當代詩壇一座大山。論者每謂台灣詩壇山頭林立，弦外有負面之意，但古今中外那裡不是山頭林立？學界詩壇政商均如是，國際叢林更是。放眼千萬年來進化舞台生命風景，真是「山頭林立、頭頭是道」。讓文壇各山頭各展風光，各領風騷，揮灑生命與文壇的多樣美麗。（註一二）

第二種是負面的。詩社之間的相互排斥，甚至歧視或打壓，我認爲是很嚴重的，若涉及統獨之爭更是不堪，寫詩成爲鬥爭，詩人成爲殺手（後述）。詩人麥穗（台灣）在「爲詩壇存留另一個面貌」的序言之說：

> 眾所周知，台灣詩界一向是門戶極深的，有些族群一直緊閉著大門，在門內自我吹捧，不願也不想與門外的詩群有所互動，門外人也很難「破門」，因此往往對讀者們產生誤導（尤其是域外），以為台灣詩壇只有那麼些人，或那麼些事。（註一三）

台灣詩壇這種門戶間的排斥現象，也表現在每年或每幾年編的詩選集，不論以「台灣」或「中國」頭銜，或只用「年度」稱謂，都只是相同理念那群詩人的作品，欠缺「全台灣」、「全中國」或「全年度」的普遍代表性。對於台灣詩界、詩社這種「門戶森嚴」所產生的負作用，我認爲是很難改善的，如同台灣四百年來的政壇統獨之爭，是一種宿命。因而，有一群人組成「三月詩會」，他們標榜不算團體的團體，沒有組織的組織，沒有目的卻目的明確，沒有目標卻目標顯明，且目的、目標永遠不變。（註一四）期待「三月詩會」詩人們，跳脫門戶的框框架架，展現詩國的開放與美麗風景。

在大陸丁力（八十年代「詩探索」副主編）把詩壇分三派，傳統詩詞派、西洋風派和中國風派。但中國詩壇何其廣闊！三派論述不夠精確，至少表示，不像台灣「分離主義」太盛行，形成一批「無根」的詩人。

台灣新詩社間，爲何壁壘森嚴？就算少有的交流，也像架起的一座「壇坫」，我想起吳明興致高準函中一句話，「而是在因無知所派生的誤解及其所併發的誤導，和由此而造成對向前拓展的新可能所做的扼嚴的小器心態。」（註一五）準確性多少？待更多更深之論證。

三、低級審醜或大衆流行

新詩發展至今達到怎樣的「普遍化」，如同民主政治，各人一票，每票等值。熊輝（四川山城之北）給紫楓（台灣葡萄園）的信提到，曾幾何時，新詩在形式上陷入了極端的自由和無序狀態，新詩創作沒有任何形式約束，任何人無論文化修養高低都可以寫詩，這是對新詩及其形式的嚴重「誤讀」（註一六）言下之意，任何阿狗阿貓只要把文詞分行排開就叫新詩。還有更慘的，陳仲義（廈門）觀察，新世紀以來，網路民間詩界開始向大量相反的維度——「崇低」與「祛魅」轉移：褻瀆權威，顛覆正統話語、玩世、還俗、審醜，有意造成「讓你不舒服」的閱讀效果。堅持「賤民」立場……（註一七）

爲甚麼詩歌的普遍流行，變成了普遍低級。有太多的詩人不再是在以一種虔誠姿態寫詩，審美內涵日趨墮落，出現與高尚純潔相背的「下半身寫作」，詩歌中沒有了「人」，更絕少有「中國人」，把人降級爲母狗和公羊的低級行爲。（註一八）還有更低級，筆者不忍再舉例。

現在詩的普遍流行，可能已經成了不可逆之勢，流行是否必然產生低俗？或顛覆傳統真善美內涵？成爲普羅大衆的消費品，如衛生紙，即用即丟！豈不早給「紅樓夢」那薛寶釵說中了，她說：「詩從胡說來。」且更扯、更離譜。

四、朦朧、晦澀和曖昧，都看不懂

新詩的「朦朧、晦澀、西化」和「健康、明朗、中國」曾有一段論戰的歷史，本文不再贅述。但那是否已是過去式？先不談「中國」，是不是目前現代詩都很「健康、明朗」？把現狀「挖」出來，好像也還很「嚴重」，寫詩的人比看詩的人多，反正大家都看不懂（可能作者也不懂自己寫甚麼）。結果是出版的詩集在市場上被判了「死刑」。台客（台灣葡萄園詩刊主編）他的著作「詩海微瀾」提到，他閱讀幾篇聯合報副刊的文學獎徵文，新詩方面都是負面的，都讓人看不懂，作品和作家成了「曲高和寡」的代言。那些得獎作品連詩齡數十年的老詩人也看不懂，何況一般讀者！（註一九）

大陸又如何呢？重慶的忘年詩友尹克軒提筆上陣，批判當前中國新詩，寫的盡是人人看不懂的東西。尤其是公辦詩刊和文學期刊，看不懂的謎語已成一統，他說的看不懂不是一般人看不懂，連搞了幾十年詩歌創作的詩人看不懂，教授、學者也都看不懂。似乎「朦朧晦澀的鬼魂」重返新詩舞台，且霸佔了全部舞台，且是人民「養」出來的：

他們這種玩弄文字，故弄玄虛的做作，把詩寫的晦澀費解叫人看不懂，在大陸已佔據了大多數省市的公辦文學期刊和不少報紙副刊。都說是怪現象：他們拿著納稅人的錢，寫出的詩叫納稅人看不懂……長此下去，新詩必因讀者盡失而形同消亡……（註二〇）

尹克軒在文章中要詩人向巴金老學習，爲何？巴金把心交給讀者，心存讀者，就能寫出讓讀者懂的詩，這種精神活像白居易。事實上，李白、杜甫也不喜歡把詩寫得朦朧晦澀，他們希望當代人懂，千百年後的人仍懂他們的詩。對於台灣新詩界呢？古遠清在「台灣當代新詩小史」最後用「一片晦暗」形容，並說前途嚴憂，廿一世紀的台灣詩壇更不可能舖滿陽光，而只是陰霾與霽色交替出現。（註二一）吾人以爲，這言之過早，目前尚在「洗牌」。

丁力主張有我們民族風格的新詩，要清新、剛健、樸素、自然、豪放、婉約、雄渾、悲壯、飄逸、曠達、含蓄等都好，就是不能晦澀。「晦澀是文學也是詩的癌症」（註二二）晦澀、看不懂也是一種曖昧關係，白靈（台北科技大學教授）和張默（創世紀詩雜誌總編），主編「八十八年詩選」，白靈在書前「曖昧的年代」，有一段話很曖昧！

詩人則必然是經由語言的表達。其面貌必然是追求超脫日常語言和科學語言、擺脫「說清楚、講明白」的特性——因為只有一種可能；反而進入一種可說又不可

說、「說不清楚，卻反而說的更清楚」、「說不明白，卻反而說的更明白」的「曖昧境界」。（註二三）

白靈爲甚麼認爲曖昧可以成爲「境界」，當然和人生觀與詩觀有關，該文他結尾說，生命本身並無一個「可確定化」的頂點，物種如此、基因如此、科學如此、藝術如此、語言如此、而詩亦然。

不論朦朧、晦澀或曖昧，新詩總要叫讀者看懂，詩人寫詩不是要讓人看嗎？否則幹嘛寫了又要出版，難不成只寫給自己看？

五、評論制度處於原始狀態和戰國時代

我國文學評論古來不發達，但總不能亂。在我心中寫評論算很能把握到「公正、客觀、仁厚」平衡點的文曉村先生，在「雪白梅香費評章」自序中說：「回顧台灣五十多年來的新詩發展，非常遺憾地，我們常常發現，有些唯我獨尊的批評家，總是喜歡將一己之見，強加於人，企圖車同軌，書同文，一統天下，稱王稱霸。」（註二四）我想「唯我獨尊」已不能稱批評家了，而只能稱「孤家」或「寡人」吧！事實上，「台灣即無批評的環境，也缺乏有識見有擔當的批評家。」（註二五）更談不上批評制度了。更（台灣）

在「八十一年詩選」卷前一段話：

把文壇一年內的創作活動做一番回顧，整理、評鑑，選出優良作品出版年度選集，可以說是一項功德，這不但可以藉此保存文學的編年史料，也為文壇建立另一種批評制度，對於詮釋作品、匡正文風，均有莫大助益。（註二六）

瘂弦所言極是，編年度詩選確實也是另一種批評制度，入選作品大多是我敬佩的名家，只是仍陷於「山頭主頭」框架中。稱同仁詩選較適合。

大陸的詩歌批評是否較有制度？我原以為是，但看些文本後覺得問題仍大。如馬知遙（山東藝術學院教授）說的，「當代中國的詩歌，詩人好當，批評難搞……看到的詩歌評論要麼晦澀難懂，要麻大而無當。」（註二七）更普遍觀察，中國當代詩歌批評呈現出的是相當蕪雜的狀態，每個人發言的立場、角度、方法，都不一樣，很難有甚麼評判的標準。（註二八）馬忠更提到詩歌批評的三痛：誤解、褻瀆和質疑，簡言之，我國現在新詩評論尚未有多數共職的批評制度，而處於戰國時代。

六、政治和文學，誰綁住了誰？

中國新詩發展這近半個世紀來，還有一項被文壇、詩壇乃至各界詬病，便是詩人受政治力影響太深、太廣、太多，是共認的事實。大陸詩人從「工農兵」文學觀批判台灣當年的「反共文學」，台灣詩人起而應戰，當然也不干示干。其實兩岸是「干干〓無尾」，從近年來古繼堂著「台灣新詩發展史」和古遠清「台灣當代新詩小史」在台灣發行，引起的筆戰皆如是。中國歷代的史，都是當代政權結束後，後面的朝代爲前代修史，才能客觀，所以台灣新詩史待五十年後（如一個時代結束或兩岸統一），那時的史家寫出來，才能從政治力中脫困。

但並非詩人作品和國家、社會有關，就叫「政治詩」「口號詩」或說受政治污染，李白、杜甫、文天祥、岳飛等有很多詩作，深刻關心國家民族，爲廣大人民群眾說話，那是千古不朽的作品。所以，吾人以爲，詩人被政治綁住，違背詩人的本質（後述）而爲政治服務，是詩人的墮落；反之，詩人能綁住政治，或不爲所動，忠誠守住詩人的本質，是詩人的風骨。「民族文學的良心」詩人高準先生把這件事講的最清楚，而有標準。

> 除了美學標準，有沒有政治標準呢？若說有人可以完全撇開一切的政治標準，那時騙人的空話。我一向主張突破一些無謂的禁忌的，但自然也有我的大原則——那就是謹守人道主義、愛國主義、與民主主義的方向，那也就是本書選錄作品的政治標準。（註二九）

這是高準編「中國大陸新詩評析」的政治標準（含美學標準），可以說合這些標準是詩人的風骨；反之，高準的論述是，凡助長專制獨裁的、助長對當權人物的個人崇拜的、破壞民族和諧的等之類，我想就是詩人的墮落了。我很同意高準這樣的文學觀。可以再舉兩個實例，觀模何謂詩人之墮落與詩人之風骨。艾青（本名蔣海澄，浙江金華人）文革時被打成「右派」，受盡苦難，被整到牛欄中一眼失明，他仍不爲所動，「礁石」一詩成爲罪狀：

一個浪，一個浪，／無休止地撲過來，／每一個浪都在它腳下，／被打成碎末、散開……

它的臉上和身上／像刀沫過的一樣／但它依然站在那裡／含著微笑，看著海洋……（註三〇）

這是詩人的風骨、氣節，把詩人的真性情表現於其作品，如當代詩壇的文天祥。另舉一詩人之墮落。

不久前台灣地區被一群篡竊者主掌政局，陳水扁、陳菊等人大搞「去中國化」、「去蔣化」，一群詩人紛紛表態效忠。其中之一路寒袖（本名王志誠）也配合搖旗，並率眾把蔣介石銅像大卸八塊，以取悅篡竊者，坐穩僞高雄市文化局局長，凡此皆詩人墮落，作品不必舉例。

對中國新詩做了上述現狀的觀察、理解，但我仍覺得很「兩極化」，如屠岸所認知的，雖有認爲中國新詩已死亡，爲它寫「悼詞」，但也充滿生機，中國詩歌必將走出低谷，詩的火山總有一天會爆發，噴湧流遍中華大地。（註三二）因爲，中國古來是詩的民族，也是詩歌大國。

但，眼前、現狀，新詩人投降了市場，新詩也被市場判了「死刑」。顯然，中國當代新詩發展陷於某種困境。「第十屆國際詩人筆會」於二〇〇五年五月在雲南大理舉行，台灣有詩人向明、尹玲、金筑等參加，會議主題是「當前詩歌的困境與出路」。「第二屆華文詩學名家國際論壇」二〇〇六年九月在重慶西南大學舉行，台灣有詩人金筑、台客、杜紫楓、文曉村、秦嶽等參加，主題是「新詩二次革命」和「新詩詩體重建問題」再研討。

這些會議集眾多中國當代優秀詩人智慧，相信就是爲中國新詩找到脫困辦法，找到正確的出路，路在那裡？

參、路：中國新詩的本質和我的新詩戰略觀

這節我闡揚兩個命題，一是「中國新詩的本質」，另是「我的中國新詩戰略觀」，兩者思想一以貫之，故放一起論述。

「中國新詩的本質」我再區分四個小子題：詩的本質、詩人的本質、中國詩人的本質和中國新詩的本質。

首先是「詩的本質」，我國古人多說「詩言志」，何謂「志」？心之所思嗎？資深詩學名家周伯乃（台灣、廣東五華）先生研究指出，詩的本質是表現人性、本性、天性、人格、靈性、內容、內涵。所以，詩的本質如果是用最簡單的說法，就是美與真，而且與詩人本身所流露的善的啓示相結合。（註三二）高準爲詩下的定義是：「詩是人類思想與感情交溶昇華以導致高尚境界而透過想像與韻律精鍊而出的語言。」（註三三）此二者都是詩的本質，異曲同工之妙，但並非放之四海皆準。

東、西方文化不同，民族性差異也大，本質之詮釋自然也不同。以美學爲例，西方美學源於衝突、對立、矛盾和批判；東方（中國）美學源於統一、圓融、和諧與包容。

但不管東方西方，稱爲「詩」，應合於其本質，且用詩的語言表達出來。

第二「詩人的本質」。吾人常聽人說，「詩人是所有各種人當中最具真性情的人」、「若無真性情何得爲詩人！」就是講詩人創作的作品，應合於人性、本性，合於詩人的本質。詩人要有真性情才有風骨，有風骨才能抗禦政治、利益（烏紗帽、錢財等）之誘惑。故詩人乃用其最純之「真」，來圓融主、客觀世界中的美與善，以詩的語言成就其作品。鍾鼎文（台灣）爲旅美女詩人心笛（本名浦麗琳）的詩集「貝殼」提序時就說：

當然，真、善、美三位一體的完整與和諧，是文學、藝術上、也是人類精神領域裡的最高境界，詩人們無不憧憬於此一境界。然而，在我個人看來，在三者之中以真最為重要，真是通向善與美的唯一途徑，不通過真，不是真善、不是真美。善心與美感原是根植於人性的良知良能，在基本上有其普遍性和不變性。（註三四）

可見詩人之本質仍在「真」，明代鄭之玄「克薪堂詩集」序曰：「情者，詩之種也。」詩大序說：「詩者，志之所之也，在心爲志，發動爲詩。」而孔穎達疏曰：「在己爲情，情動爲志。情、志，一也。」皆是同理，不論今人古人之論述，都在說明詩人「真性情」之本質，以其情其性之「真」，圓融一切美與善，用「詩之語言」創作之人謂「詩人」；反之，離此一步，不論詩語多高妙，已非詩人。

第三層「中國詩人的本質」。我想世界各國、各民族都有他們的詩人，例如當你稱「美國詩人」、「日本詩人」等，除有國別的「形式標誌」，也還有思想內涵的精神意義在內，否則何必區分？一個「中國詩人」和「日本詩人」又有何差別？

當然，或許有人已達「世界詩人」的境界，但我相信他的詩作是表達了自己民族、自己國家的榮耀，因爲喪失了民族性的詩人，絕不可能成爲「偉大的世界詩人」。我想要論述的，是「中國詩人」必須有「中國」的內涵，有我們自己民族文化上的「特質」（不同於東洋或西洋），否則你是那裡的詩人？詩人高準被稱「民族文學的良心」，鄭愁予被稱「非常中國的中國詩人」，他們才被兩岸詩壇高度敬重。而余光中、洛夫能被兩岸當代中國新詩界尊爲「大師」，正是他們散發「中國詩人本質」光輝，不是嗎？於此，我舉讀一首葡萄園詩刊創辦者，已故文曉村先生的最後一首詩「八月，我將遠要——給愛妻」。

請記住：／這是二〇〇七　八月／為了一個經典的節日／我將遠行

那裡　是我心靈的大西部／是只有歌聲才能到達的／遠方。那裡／山岡連著山岡／青草鋪成母親的胸懷／還有一個美麗的大湖／她的名字叫　青海

在那裡　我可以／看　無邊的藍天／聽　百鳥的歌聲／伸手握住　詩神的／微

笑；欣賞美女與哈達／飛揚的舞蹈／而我　也要放聲歌唱／唱出我的嚮往／唱出
我的淚水與憂傷
如果我這一顆／衰老的心臟／承受不了三千公尺／海拔的壓力而倒下／倒在大草
原的胸懷／請不要流淚／而為　我祝福／因為我已經返老還童／回到母親的懷中
（註三五）
二〇〇七年七月卅一日於台灣省中和市

身爲一個中國詩人，文曉村先生永遠是我心中的典範，他也是中國詩人的典範，當然，他也是台灣詩人。說到這裡，可能是受政治過度操弄而欠缺自覺性，有詩人認爲自己是「台灣詩人」而不是「中國詩人」。我深信這是暫時的，很快將會「移動」，大勢已然形成。

第四「中國新詩的本質」（或稱「中國詩」、「中國詩歌」等，本文不做界定，視爲同意詞。）我以爲，中國詩詞古來本質是不變的，就是中國的，惟每朝每代有不同的內涵與形式表達，新詩亦然。陳慶輝（武昌珞珈山）在「中國詩學」一書，認爲中國詩學有三條基本路線：

㈠儘可能突出中國詩學的民族特徵。

㈡儘可能體現中國詩學的古典色彩。

㈢儘可能把中國詩學放在中國文化的大背景下進行研究。（註三六）

我以爲這便掌握了中國詩的本質，只有緊握這本質才能彰顯民族性。只有最具民族性的詩作才是具有世界性的，中國詩能成「世界詩壇之大國」而具有世界意義，正是在其有鮮明的民族特色。這就是爲甚麼詩學名家蕭蕭（台灣）曾說，未來的現代詩必定是：

空間上，是台灣鄉土的關懷。

時間上，是中國文化的認同。（註三七）

中國新詩（含各地區鄉土詩作），事實上古來都是「統一而圓融」的，任何歌吟鄉土、鄉愁，都不可能與「母體」切割，因爲母體是整個中華民族歷經五千年形成的民族性，母體是源源不斷的活水活泉；鄉土文學若與母體割斷，撐不了多久，便因失血與飢渴而死，我如此詮釋陳慶輝的中國詩學基本路線與蕭蕭的論述，相信是正確的。

當代中國新詩必須發揚且突出中華民族的特徵，在中華文化深層土壤中開花結果，體現不同於西洋或東洋的古典色彩。若遺棄了這些，世界詩壇將不知道「你是誰？」，連你自己也不知道「我是誰？」

身爲中國當代新詩人，最起碼要忠於「詩人的本質」，進而散發「中國詩人」的風骨與氣節。世界詩壇將清楚的知道「你是誰？」，你會不知道「我是誰」嗎？這部份是我進而要論述的「我的中國新詩戰略觀」。

在我即將邁入耳順之年時，想著人生之精華、美妙而好用的時光，應所剩無多。反省這一生假如有甚麼成績，大概前半生鑽研的「中國學」（戰略、國防、戰爭、兵法、政治與歷史，著作約三十部。）；及後半生在文學領域的用心（著作亦約三十部）。前半與後半生鑽研領域雖不同，戰略思維則一以貫之，才有我的「中國新詩戰略觀」。分論如後。

第一、當代中國新詩應涵富「春秋大義思想的堅持」，新詩人應以「春秋史家地位自許」。簡言之，詩人應從春秋的高度開展其作品，彰顯春秋正義的無窮力量，以有助於春秋理想的實現。於此，吾人略述「春秋大義」之正意，「春秋」指我國春秋時代各國國史通名，也是魯國國史專名。現有「春秋」是孔子所作，歷史上爲「春秋」作傳的很多，著名者有左傳、公羊傳和穀梁傳。謂之「春秋三傳」。（作者與歷代考證略）

「左傳」以民本思想爲核心，強調人民是國家之本。

「公羊傳」以大一統、仁政爲核心，嚴格區分「中國」與「非中國」之意，是儒家政治思想之寶庫。

「穀梁傳」以批判貪腐及闡揚孔子「正名」思想爲核心，及對政治人物賢能美善之贊揚。

「春秋大義思想」經幾千年，在中國大舞台上實踐、實證，已經成爲「千年憲法」。現代也許極少有人去專心讀「春秋三傳」，但殊不知，貪污腐敗、篡竊行爲（如「槍擊案」）、台獨之走向死路等，之所以被中國子民痛恨，都根源於春秋思想。中國當代新詩人應以「春秋史家地位自許」，就是我們這一代新詩人要學習孔子、左丘明、公羊家族、穀梁淑等先聖先賢的氣節，自許這支寫新詩的筆是一支「春秋史筆」，身爲詩人也是「史家」。

在台灣新詩人群中，最強調詩人也是史家是謝輝煌先生，他說：「詩人，是另類的史家。」，而他這樣說的對象，正是針對葡萄園詩刊主編台客新著「星的堅持」而發。（註三八）所以是史家的詩筆論史家。謝先生在另一篇「詩不離史，史不離時」文章最後結論說，無論是誰來談詩論史，若忘了「時間老人」，則一切的論述，永遠都是如魯迅說的「癡人說夢」。（註三九）台灣詩人群中以詩筆論述春秋大義，我熟知的有葡萄園詩刊社長金筑及社務委員范揚松，先讀金筑先生的「紡古」一詩：

古老的紡車／索陶古老的故事／紡不完的夢／任時序中／縷縷千千悠悠渺渺／一

條綿亙的長線／紡就／憨憨孤臣淚／滴滴孽子血／一部春秋大義（註四〇）

我讀「紡古」，詩中那條「長線」，象徵中華文化的一貫道統，五千年而不斷，紡就出來的是春秋大義的核心思想和價值。但紡車現在已是老古董，在警示我們這些中華子民，春秋大義和中華文化式微，造成分離主義盛行，亂臣賊子才有篡國竊位的機會（指台灣二〇〇四年「案」）。（註四一）這是詩人對春秋大義式微的警覺，先於一般人，可謂先知先覺者。

另一位善於提詩筆彰顯春秋大義思想者，是跨足兩岸企管界的詩人兼企業家范揚松博士，窺其早期一九八三年才二十幾歲的年青詩人，就有「太史公曰」一詩，爲五節十六段一六八行的長詩，讀其中幾小段：

如我此刻，溫習著／孔丘的春秋大義，朗讀／詩經的興觀群怨，歷經／無數時序的編校之後……一隻熟悉的身影，背類典籍／緩緩前進，幾乎叫人驚悸／那是孔丘，抑或父親的影子……

身為史筆，能不驚覺／他們走過歷史道途的真義／巍峨的典型，不時浮現／我為之立傳，為之抗辯／猶如我的堅決，而留下亙古／戮記，作為一名史筆的……（註四二）

我曾挖掘並一路追蹤，詩人范揚松從童年受家族影響，到青年、壯年，至今已過天命之年，他的詩作始終站在春秋正義的高度，與廣大的人民群眾站在一起，批判貪腐、不義等罪行。尤其針對公元二千年後台灣獨派的篡竊政權批判最多最力，這些彰顯春秋大義的詩作，范先生集其部份，出版「尋找青春拼圖」(註四三)，我仍以「從春秋的高度提筆」為主題作序，在我心中，他是詩人、史家，有真性情的「春秋筆」。

從以上的論述與舉例，我的新詩戰略觀，期待中國當代新詩人有春秋史家的高度情操，他的筆是一支「董狐筆」，具備這樣條件再進而賞其詩藝才華。若不具備「一定高度」的春秋氣節、情操，不論多高妙、唯美的詩藝皆妄然，為何?秦檜、汪精衛之流，純就詩藝論，可能遠勝當代許多大師級詩人，然而有誰稱他們是詩人?又為何?人品低劣，滿腹經論，不過增加對國家民族的傷害度。

第二、中國新詩應從廣大深厚的中華文化沃壤中植根壯大，這是一個大背景、大母體，應較無疑慮，幾乎凡中國詩人都有的共識(除極少數的分離主義者)，故勿須深論。我以女詩人紫鵑(台灣乾坤詩刊社務委員)，於二〇〇八年秋採訪余光中先生最後一段問答，為我說明白、講清楚。

紫鵑問：台灣文學與中國文學一脈相傳，不過台灣當局一直在探討本土的自主性

問題。余教授您認為身為台灣年輕人，應該如何面對台灣文學與中國文學？他們應該何去何從？

余光中：我一直認為，以中文或華文寫作的人，必須正視自己民族的兩個文學傳統。第一個是大傳統，從「詩經」、「楚辭」以來的大傳統。第二個是五四以來的小傳統，所謂新文學的傳統。你要注意這兩個傳統，不能一無所知，否則就無法做一個中文也好、華文也好的作家。你現在要否定中國的大傳統，然後又硬說新文學傳統是從台灣自己生出，這是很可笑的事情。這樣會變成井底之蛙，也許在政治上很爽，可是在文化上，過了五年、十年，在台灣造就的這一批學生，就會一無所知。

中國文學就是我們民族的文學。說的更簡單一點，就是我們整個民族的記憶，是一個夢，你怎能將一個民族記憶像擦黑板一樣擦掉？他做夢，你不准他做，那還剩下甚麼？一個民族不可能沒有過去，叫一個民族只能回憶四百年，這是很可笑的事情。所以我還提倡過一句話「不能剝奪我們下一代的文化繼承權」，因為這繼承權包括整個中國文化。（註四四）

我想，有余光中教授暮鼓晨鐘警悟之論，對兩岸詩壇的詩人們及各類藝術創作者，應該更有說服力。中國文學就是我們中國各民族的文學，也是中華子民「共同的夢境」。這是爲甚麼我主張中國新詩應植根於中華文化的理由！並將這個理念提高到「戰略層次」，與廿一世紀吾國之崛起、發展、壯大來進行同步建設。至此，我忍不住要朗讀一首台客（台灣葡萄園詩刊主編）的「五環緩緩升起」一詩：

五環緩緩升起／千萬朵燦爛的煙火爆開／鳥巢裡人聲鼎沸／五大洲人群齊聚於此

這是二〇〇八的北京奧運／整整等待了一百年／中國人再也不是吳下阿蒙／個個臉上充滿了自信

在各個競技運動場上／他們紛紛展現實力／金牌銀牌銅牌一塊塊／納入辛勤耕耘的口袋

中國中國萬方來訪／中國中國不斷壯大／如今它像一條巨龍／屹立亞洲，擁抱世界

深深的祝福／深深的期許／我在寶島台灣一隅／默默仰頭，向它敬禮（註四五）

這是一首「健康、明朗、中國」又清楚明白的詩，海內外近十四億中國人都懂，就算邊疆山寨中挑糞的老農或賣菜的阿嫂，字都不認識，誦讀給他聽也能懂。這是多麼的中國啊！每個字都與你體內的血同源且契合。

第三、中國新詩必傳承中國傳統詩學的內涵和精神。反之，若完全丟棄中國傳統詩

學的內涵和精神，則中國新詩的未來必一灘死水、一條死路，頂多是中文寫的洋詩吧！

於此，當我們運用「中國新詩」、「中國詩」或「中國詩歌」等詞彙之概念時，即表示它不同於世界各民族詩歌。世界各國各民族都有詩人，他們的詩也追求真善美，或言志、寫情，或築意象、構意境或其他等。那麼，中國新詩有甚麼特色、條件能被國際文壇譽爲「詩國」、且爲「詩之大國」？此即「中國新詩」之特色。

對中國傳統詩學素有研究的學者陳慶輝（武昌珞珈山），從三條基本路線（如前）深入，提出中國詩歌的言志、意象、神韻、意境、詩興、比興、神思、妙悟與發展等九論。（註四六）言志論是中國詩學的開山綱領，意象論是大門，神韻論是詩的靈魂，意境論是詩的本體和藝術靈魂，詩興論與言志論同是中國詩學的核心範圍，賦比興是古典詩歌特有內涵，神思論是詩的想像空間，妙悟說是詩的創新發展。

以上各論，能讓中外詩家嘆爲觀止的是意境論，認爲「意境」最能代表中國詩的本質和特色。但意象又爲意境之基礎，中國詩最強調「以象明意」和「以象明義」。中國新詩亦然，以意象和意境構築一首詩，才能「言有盡而意無窮」。相信當代中國新詩有這水平應是不少，試讀詩人莫云，她的「異鄉月」：（註四七）

之一：這清冷月色／竟是似曾相識的／彷彿總是那樣孤寂地／高懸在望鄉的夜空

上／既是他鄉知遇／不妨借用這片寒光／用來包覆瑟瑟抖顫的／你那一身
／赤裸裸的鄉思

之二：怎麼看／這陰晴圓缺的月色／都像失血過多的鄉思／一臉蒼白地／仰躺在
／唐詩宋詞的扇頁上

這首詩用了幾個鮮明的傳統詩詞意象，構築成一幅意境頗高的「詩畫」，很明顯的，女詩人承繼中國傳統詩的內涵，她的「寫意」是一種特色。看的出來，莫云向「母體」取源源不斷的活水，故能言有盡而意無窮。

台灣半世紀以來，向以保存發揚中華文化自居（分離主義高漲的八年除外），詩人傳承傳統詩學內涵，其實是「應然的天命」。倒是香港被英國統治一百三十七年（清咸豐十年，一八六〇年—一九九七年），我原以爲香港同胞的國家觀念、民族意識可能流失光光，成了「老外」了。但我近年讀香港「藍葉詩社」四位詩人的合集「四葉詩箋」，發現他們的作品依然很「中國」，依然讓體內的血液湧動。舉四位詩人的一小部份詩作爲例：（註四八）

是上關風／把我從南陲催來／乘著清風／踏遍雲彩／懷著赤子之情／奔向大
理……是洱海月／領我靜待海濱／一睹你的風華

楊慧思「風花雪月」

炎黃子孫該是時候／追溯先祖根源／黑頭髮黃皮膚／是華夏民族驕傲的印烙／文明的搖籃／文化的沉澱／始自炎帝熠熠風采

楊慧思「炎帝陵」

霧戀著以維多利亞之名的港灣／迷離了／無維多利亞之名的峽谷／雨擁著洋紫荊／翩躚於／二月變奏的旋律忘情地／灑下紫夢殘紅……

舒慧「霧雨中的杜鵑」

茫然的我／正依西廂寂寥窗前懷著／揮不去的往事／解不開的夜雨迷情／悲戚憂怨重讀／易安朦朧的遠夢……

舒慧「夜雨迷情」

我神往撐著油紙傘去蹓躂／詩人說的雨巷／親親巷中清新的丁香／見見賣花的女孩／因為我找不到／雨花小姑娘／在穀雨時節的／桂花巷

陳琪丰「此巷彼巷」

朝暉抹紅了窗櫺／幾枝疏斜的竹影／撩動你的眸子／一聲的蟬鳴／心，就禪了

陳琪丰「人生四帖之四」

千古瀟瀟水流雲在／煙雨樓頭／隱隱燕趙風／紫塞明珠／多少英雄事／俱往矣……

曾偉強「水流雲在」

小雨點／抱擁雨花臺的空濛／沄沄涓滴／恍如熇熅冉冉／嗚奏琤淙／衍生無盡融融／沁入誰的心／然後點滴不留／瀚瀚心湖又再平明如鏡／再也沒有一圈漣漪……

曾偉強「小雨點」

這四葉四子詩風，處處可見他們運用了傳統詩詞的意象，營造出中國詩人神往的空靈意境，容易看出他們也能構築「民族共同夢境」（見註四八古晟在秋水詩刊的賞文），同時他們每一個「個體」亦有明心見性的功力，因而有了自己鮮明的風格，他們是「詩人」、「香港詩人」，也是「中國詩人」。

我的「中國新詩戰略觀」最後一個子題，是「健康、明朗、中國」再加「開放」。儘管「健康明朗」也許包涵了「開放」，但質疑者可辯稱不涵，故須加「開放」一項，有兩個積極意義，對內可包容各民族、邊疆民族及各地區（如台灣）文學詩歌等；對外可吸收西方文學詩歌的優點，可豐富廿一世中國新詩的生命內涵。例如呂進（重慶西南大學）的代表作「中國現代詩學」（重慶出版社，一九九一年）受到學界高度評價，他的詩學理論重要源頭之一是黑格爾的「三段式」，他指出今後中國新詩的發展趨勢是「合題」，即「尋求生命意識與使命意識的和諧，文體自覺與時代自覺的和諧。」（註四九）吾國在世界詩壇雖是「詩之大國」，但吾人不要說「我們夠了！我們不必學習了！」，中國新詩也須要改革開放，把西方的好東西吸取並加以「本土化」（即中國化），如同呂進，如佛教思想。

與呂進同是「學院派」詩家，是胡其德教授（台灣師大教授、詩人），他是善於融合中外詩學創造新境界的詩人，如運用亞里斯多德詩學、十四行詩（Sonet，商籟詩體）及日本俳句等，試賞讀胡教授以「秋陽」之名出版的詩集「翡冷翠的秋晨」，書中「一朵孤獨的雲」一詩：（註五〇）

一朵孤獨的雲／沒有名字也沒有顏色／孤伶伶地飄泊在天地間／冷眼看著紅塵除了天空沒有別的行囊／流浪是唯一的路／偶而風把它吹成一艘船／也沒有停泊在任何山頭

當夕陽把天空染紅／它也沾了一些光彩／跟著來的聒噪的烏鴉／並沒有改變它的走向

只是一朵孤獨的雲／拖著苦行僧的雙腳／不知疲憊地追尋／那虛無飄渺的永恆

這首詩就是詩人的自白，這「雲」的定力已達八風吹不動，世間榮華富貴也不能吸引他改變即定的方向，如同典型的中國傳統知識份子，富貴不能移的氣節。也像一支「董狐筆」，「夕陽把天空染紅」和「聒噪的烏鴉」，隱喻某種政治力量的影響，仍不爲所動。「虛無飄渺」是詩人追尋的目標，可解成一種真理或春秋大義，聽起來虛無飄渺，卻有永恆的力量。

肆、中國新詩的二次革命，詩體形式重建與精神重建

約二〇〇四年，呂進、駱寒超（浙江大學）及其他一些學者共同提出「新詩二次革命」，這個議題很快在近幾年的新詩論壇成爲顯學，有贊成支持者，有存疑者，我屬存疑者，先述我的理由。

第一、名詞的概念意涵與現實社會（新詩）環境不合。所謂「革命」、「重建」，概指現有存在之物，已腐敗、壞朽，乃至死滅、墮落，須要徹底改變，換一套全新事物，以利國計民生的幸福安樂。例如一個政權已完全腐敗隨落（如清末之滿族政權、二〇〇

八之台獨政權），故須以革命手段推翻之，一次不成，二次革命再幹。又例，一棟建築已到使用年限，將成危樓，爲都市發展及市民安全，須要折除重建。對於「革命」、「重建」之語意，古今中外大致有如上之論述，就算有差異看法，也有很高共識。

現在要問，當前中國社會環境或新詩，是否到了「二次革命」或「重建」的地步，或如本文壹、貳項所論，中國新詩已完全失去民族性、去中國化，民族精神丟光光？？？我所研析，問題雖很嚴重，但我也看到堅持春秋氣節與民族性的新詩人，如台灣的文曉村、吳明興、台客、范揚松、高準、三月詩會諸君……在大陸如呂進、蔣登科、傅智祥……乃至屠岸、艾青等，數量眾多。一代代人接棒努力，中國新詩必定隨著中國之崛起，成爲世界新詩的典範，但革命和重建的客觀環境尙未形成。

第二、詩體形式與時代變遷、社會演進的關係。詩的形式是根據民族語言的特點、社會生活的變化和詩歌創作的發展而形成、演變和創新的，但它具有相對的穩定性。沒有詩的形式，也就沒有詩，而變成別種藝術品。（註五一）所以，每一種社會形態必有其特有的詩的形式，如詩經、樂府、唐詩、宋詞、元曲，乃至五言、七言或格律詩中的小令、中調、長調等，若做寬鬆的解釋，都是一種「詩體」也是一種「形式」。詩的形式由詩的語言、文詞、韻律、句式結構等諸要素，排列組合而成表達內涵、內容的表現形態。

一種文學的表達形態，也表達了社會變遷與發展。

滿清結束使中國社會形態產生根本性改變，而「五四」新文學革命，使傳統詩詞產生「破格」，也是中國新詩的「創格」。此後，中國新詩（另不同地區與時期，有稱白話詩、自由詩和現代詩），可謂打破了一切限制，掙脫了一切束縛，還給詩人百分百的表現自由，「形隨詩人心意和詩意而變」。這是吾國詩史上如同唐詩宋詞元曲，再一次偉大的「創格」，目前尚不須「再創格」。

中國新詩的形式發展至今，雖不能說「完美」或「絕後」，但我認爲是最合人（詩人）的須要，也給創作者最大的空間，完全自由、無拘無束的形式。這不就是全人類最想要的，徹底的、全面的「解放、解脫」了。說是人的需要，也是社會發展使然。因爲一種詩體形式，代表一個時代詩歌風格的特色；而社會發展又往往促成詩體形式的轉型（或革命性變化），產生適合人和社會須要的形式。

第三、新詩二次革命「詩體重建」概念界定之商榷。呂進（西南大學）說，一次革命的主要美學使命是「破格」，二次革命的主要使命是「破格」之後的「創格」。此處的創格應是指詩體形式的重新創造，揚棄現在這種新詩的分行排列，是謂「詩體重建」。但呂進接著說，「如何在民族性與世界性、藝術性與時代性、自由性與規範性中找到平衡，在這平衡中尋求廣闊的發展空間。（註五二）這些論述，其實與民族精神、風格，及詩之境界關係較多，而與詩體形式關係較少。再看何休（重慶三峽學院）如何達成「革命目標」：

> 贊成「新詩二次革命」思想的同時，主張應該從抓緊新詩的詩體建設、恢復詩歌的審美本質、重塑詩人的人格理想等方面來實現「新詩二次革命」的目標。（註五三）

何休之論，詩體建設的「因」在社會發展和人民生活形態的轉變，而「審美本質」和「詩人人格」二者的本體「乃在民族文化和民族精神兩個大領域中」。這裡我所要指出的，是詩體重建是否指打破目前新詩分行排列的範式？另創某種形式（即創格），核心問題是「詩體重建」之意涵爲何？爲追究這個問題，我把重慶西南大學「第二屆華文詩學名家國際論譠」各家對「詩體重建」之論述，列表比較：（註五四）

重慶西南大學「第二屆華文詩學名家國際論壇」各家對「詩體重建」之論述

姓名	論述內容
呂進（西南大學）	「新詩二次革命」的重點是詩體重建，明確提出沒有詩體就沒有新詩及其美學體系的「無體則無詩」主張。

章亞昕（山東大學）	新詩還處於文體革命的轉型期，新詩文體的「非傳授性」、「不穩定性」和「反模仿性」特徵，使得整個詩歌界構建編碼和解碼的約定俗成的審美範式面臨著難題，詩體建設還有待深入。
王　珂（福建師大）	深刻地體認到網路時代的「詩體重建」運動更應高度重視新詩的「詩形建設」。套用外國詩歌的原始詩形到使用中國化了的漢語翻譯詩形，再到創造自己的詩形，這足以見出翻譯詩歌形式對新詩形式的影響。
葛乃福（復旦大學）	以十四行詩爲個案分析了詩體建設對於繁榮新詩的促進作用，認爲新詩走出目前困境的出路之一便是加強詩體建設。
楊景龍（安陽師院）	分析古今詩歌傳統的基礎上認爲新詩目前存在的重大問題，主要是缺乏文體形式意識，因此「詩體重建」是解決近百年來困擾新詩發展的主要途徑。
姜耕玉（東南大學）	漢字由於能夠達到視覺與聽覺的融合，能夠給新詩外在形式帶來審美效果，漢字具有文化和感情底蘊能夠造就新詩的內在形式和節奏，因此詩體重建應該重視漢字精神。
呂　剛（西安築大）	現代漢語詩歌建設應該在語言文字的詩性挖掘與建構方面努力。
莫海斌（暨南大學）	從分析上世紀二〇年代新詩的音樂性問題入手，認爲新詩詩體重建應該注重詩歌情緒跌宕和語言的音韵。
李志元（廣西師院）	從工農兵「讀者」的立場考察了民歌形式的演變。
萬龍生（重慶日報社）	格律體新詩曲折的發展歷程，其豐厚的積澱爲今天格律詩創作提供了參照。

沈用大（福建作協）	中國新詩的形式之路主要由自由詩和格律詩鋪就，新詩形式建設是由這兩種延續。
許　霆（常熟理工）	論述百年詩體建設的功與過，旨在明確詩體重建應該吸取那些經驗和教訓。
潘頌德（上海社科院）	新詩詩體回顧，呼籲「完成歷史賦予我們的創建完美新詩體式的使命」。
熊　輝（四川大學）	中國新詩形式觀念的更新是五四譯詩的影響的結果，譯詩形式是早期新詩形式的「範本」、模仿對象和資源，應合了中國新詩形式建設的需要。這種視角在文化全球化語境中整合各國詩歌形式菁華，促進詩體重建提供了一種新的思路。

以上十四詩家對詩體重建之論述，大致上僅指出「應然」問題，並未觸及「實然」問題。即是說，諸君認爲中國新詩應進行詩體重建，至於怎樣重建？重建成何種「樣子」（詩體、形式），並未論述。這或許是章亞昕說的「新詩還處於文體革命的轉型期」，故吾人對重建之內涵、內容、方法、綱領等尙處於摸索階段。如同滿清末年很多人都認爲中國應進行政治革命，但如何革命？方法如何？尙未可知，指到革命先行者孫中山提出革命綱領，有方法有步驟程序，革命才有成功機會。

但多位詩家也提到可以參考的方法，如王珂套用外國詩形加以中國化，進而創造自己詩形；沈用大似認爲自由詩和格律詩形式，新詩形式重建可以延續；熊輝提到早期新詩形式合於中國新詩形式建設的需要。這些至少也提供一個思考的方向，找到新詩體的可能。

如果詩體重建指的是有形的體例、形式或結構等，那「精神重建」就是指無形的精神、內涵或意境等。我也將該次論壇對「精神重建」論述列表比較：（註五五）

重慶西南大學「第二屆華文詩學名家國際論壇」各家對「精神重建」之論述

姓名	論述內容
蔣登科（西南大學）	分析了個人性寫作立場是導至詩歌精神內縮甚至萎縮的主要原因，在對這類詩歌創作路向提出質疑的情況下，倡導詩人應該提升和超越個人體驗進而關注現實人生的普遍際遇和生命存在的純真意義。
錢志富（寧波大學）	商業炒作滲透進詩壇必然引發詩歌藝術和精神的缺失。
毛　翰（華僑大學）	「表層結構」是在探討孔子詩歌的社會功能爲甚麼沒有「詩可以頌」？「深層結構」是要對那些具有「奴性和勢利」氣息的詩歌和詩論宣戰，讓詩回歸詩性立場。

萬龍生（重慶日報社）	新詩應從古詩中吸收藝術和形式營養。
森・哈達（蒙古）	由於華人在世界各地的散居和翻譯家的努力已經躍居世界各民族詩歌的首席，華文詩歌是中國文化通向世界的一座橋樑，華語詩人或用華語進行創作的外國詩人應該積極進行藝術探索，爲華語詩歌創造美好未來。
梁笑梅（西南大學）	從文學地理學角度出發認爲探討地理的差異是爲展示華文詩歌的完整性和民族豐富性，是爲了把華文詩歌研究引入空間形態研究的新視境，推動華文詩歌在全世界的整合與繁榮。

詩歌精神領域爲何?或可謂風格、理念、特質等。但更廣義解讀「精神」二字，想必釋皎然（俗名謝書、唐玄宗時人）的「辨體十九字」(註五六)、司空圖（唐末）的「二十四詩品」(註五七)等，都可視精神範疇。司空「精神」品進而有注疏，「詩品臆說」云：「人無精神，便如槁木，文無精神，便如死灰。」然則，精神何謂?「淮南子・精神篇」注曰：「精者神之氣，神者人之守。」故須「聚精養神」，使人有精神，生龍活虎，動靜隨心；詩有精神，則「生氣遠出，不著死灰。」。

前述「精神重建」中論述對「奴性和勢利」氣息的詩歌宣戰，未知毛翰所指爲何?大概不外撤底西化（橫的移植）和脫離母體（去中國化）兩種。若然，這也等於對喪失民族性、民族文化和民族精神的詩歌宣戰（革命）。目前所要質疑的是，中國新詩是否全然沒有「中國」了，若是，「精神重建」才有合法性基礎，否則便是「造反」。

本節前述詩體形式的應然、實然等，爲釐清問題，仍有四個子題需要進一步詮釋，以供未來參考之取捨。就文學形式而言，有「形式與內容不可分」和「形式爲表達內容而存在」；就形式的重要性也有「重要和不重要」兩種，分述如下：

第一、形式與內容不可分。如同英國哲學家波山奎（Bernard Bosanquet，1848-1923）說：「在原理上，所謂形式與內容，正如同一個是精神，一個是肉體。」（註五八）若然，當然不能分，分了豈不成「死人」，意大利表達主義（Expressionism）美學家克羅齊（Benedetto Croce，1866-1952）更是這個理論的代表，他反對「形式」與「內容」之分，反對手段與目的的區隔，若有詩人或文學理論家建立一種法則或形式，閱世之後，總有詩人將之推翻。所以，說克羅齊是「文學類型的進化論」者，他能認可。（註五九）總之，這派別的文學理論反對任何內容和形式的區分，任何藝術作品必須從整體去欣賞和了解，作品本身自有一種「表達」，外界不能以任何形式限制或轉移。

第二、形式爲表達內容而存在。在西方如英國文學批評家溫撒斯特（C.T. Winchester）持此觀點，呂進在二屆論壇提出「無體則無詩」主張亦同。「形式的存在，是爲了表達內容。形式的最大職責，是最完美地表現內容。形式的主要任務，是使人們忽視形式的存在，而只感染、激動、潛移默化於內容。」（郭因「藝廊思絮」）。（註六〇）這是不是說唐詩的「形式」是爲表達唐詩的「內容」而存在，但最後連形式也不存在了。

若然，則前兩種像是「終統論」，最後內容與形式統一融合了。任何藝術創作（詩歌、書法、舞蹈……），乃至我前半生所學戰略、兵法、戰爭原則等，初則臨模、套形，依一定規格形式經千百回練習，層次水平漸漸提昇。到有一天領悟、頓悟真理而達最高境界，這便是「忘形」或「無形」境界，所有形式如敝屣般被揚棄。此時還有甚麼「內容」與「形式」之分呢？

第三、形式不重要。「形式」問題固然有很多不同的觀點，但畢竟詩人是在創作「一首詩」，不是創作「一個形式」。詩論家周伯乃先生說：

> 作為一種觀念的表達，一種藝術的觀點，任何文藝作品的形式，都僅能視其為一種外觀的表示，這種表示，是給人一種肉眼所能觸及的快感，對於心靈的，內在的感受，它就無能為力了。（註六一）

如同佛陀在靈山拈花，迦葉微干，大位傳承於焉完成，沒有形式。亦如達摩東來中土，禪宗傳法，不立文字，因爲心靈的事只有心靈能感受理解，一切的形式規格何用？在周伯乃著「現代詩的欣賞」第四章「詩的形式」，他也引紀更論述，過於重排列樣式等，是寫形式主義詩的人們該反省的。

但新詩和傳統詩詞最大不同就在形式，過於重視或不重視都不對，總要找到一個平衡點。

第四、形式爲必須且重要。中國新詩經近百年的發展，出現目前已是完全自由的形式，一首詩要如何分行、斷句、分節及語詞之用等，已隨詩意及詩人之意，可自由安排。此種形式（詩體）我認爲必須且重要，新詩之不同於傳統詩，最大差別在此。尚有下列原因：其一、前三項對形式與內容論述，均無法否認形式存在的必要性。其二、我國文學史上的唐詩、宋詞等，都是不同的詩體形式，不同的形式代表不同的時代和社會思潮，新詩亦然。其三、現代詩主要欣賞方式是用看的，側重由視覺喚起情境效用，故形式是現代詩和傳統詩最大的視覺差異。（引詩人吳明興語）形式對新詩的重要性，舉數例參考，讀莫云的「枯」小詩：（註六二）

旱季來臨
焦渴的筆尖
暴斃在
龜裂的稿紙上

這首詩只有一句「旱季來臨，焦渴的筆尖暴斃在干裂的稿紙上。」但一句讀完，讀不出「情境」來，斷成四行，典雅、清奇、洗鍊的意象全出來了。其第一行四字獨立成一節，與次節空一行，是借客觀景像爲詩人造「枯境」，詩的意境用分行、斷句之法，整體呈現出來。再讀文林（台灣葡萄園詩社）的一首小詩「倩影」：（註六三）

最受歡迎的影子

但是

美

需要距離來保持

這首詩只有二句，「最受歡迎的影子。但是美需要距離來保持。」若不分行，「看」不出倩影的美感，即不能經由視覺喚起情境，詩意乃無從呈現出來。「但是」獨立成一行亦有深意，建構一段產生美感所要的距離。

其他更長的新詩也同樣要用「新詩的形式」，來表示「他寫的是新詩，不是傳統詩」，並展現其意境或風格，篇幅有限勿須再舉例。

本節再贅數語爲小結，詩和詩體形式都與一國之社會變遷、民族性與歷史文化有緊密的「正」相關關係。因此，詩歌和國家之政治、社會、經濟、國際地位……實在是「一體多面之物」。我絕不相信，當滿清末造之世，國家淪爲次殖民地，民族處於被滅種狀態，中華子民與狗同等地位，詩人能寫的出「健康、明朗、中國」詩作乎?能寫的出浪漫、唯美詩歌乎?有的是悲愴、痛苦和慷慨就義的「絕命詩」吧!

今天已是廿一世紀的開放社會，儘管我們的社會絕不能走上西方美式資本主義與民主形態，中國有中國的民族性，我們應該發展出適合中國人的「中國式民主政治」（二〇〇五年十月十九日國務院已發表「中國式民主政治白皮書」）。讓我們在中國式開放社會狀態下，立基於本民族文化，做一個光榮的中國詩人，建構中國新詩詩體形式及其精神內涵。

伍、結論：未來努力方向

走筆至此，想起三十多年前，丁穎和高準兩位詩人創辦「詩潮」，在創刊號上標示的「詩潮」五大方向（第一集卷首，一九七七年），（註六四）及高準提出新詩的「新八不主義」、中國詩歌創作的前途（六條）。（註六五）這些主張與本論文所闡揚多麼神似，更讓我確信我的新詩戰略觀，正合於中國新詩未來發展方向。重慶西南大學校長王小佳在「呂進文存」序「刪繁就簡三秋樹，領異標新二月花」一文中先說：

> 中國傳統詩學與中國現代詩學同為中國詩學，它們之間有許多相通。不熟悉傳統詩學，就找不到現代詩學的邏輯起點。但是我們是現代人，所以必須在繼承中實現「現代化轉換。」（註六六）

這表示中國新詩若止於傳承傳統詩詞是不夠的，還要積極吸取西方文學精華加以「消化」，完成「本土化」（中國化）工程。（如同佛教從唐朝開始本土化工程，經一千年始成中國佛教。）所以，王小佳在該文接著說：

> 中國現代詩學和西方現代詩學同為現代詩學，所以它們之間有對話的必要，也有對話的可能。在當今時代，不尋求中西對話與互補，閉門造車是不利於學科發展的。但是我們是中國人，所以必須在借鑑中實現「本土化轉換」。只當「搬運工」永遠是沒有出息的。（註六七）

照搬西方東西當然不能用，傳承和借鑑的目的，都是爲了創新，創造出不同於傳統詩、詞、曲和民歌，又不同於東洋或西洋的新詩體式。而是有我們的民族性，有各民族的百花爭艷局面，這才是我們要的中國新詩。中國詩人們！你怎能只當「搬運工」，你是用方塊字寫出一堆西洋詩嗎？

末了，我再強調本論文核心思維，深確反省中國新詩目前的「精神狀態」，評估革命環境和時機是否成熟？以取得「二次革命」的合法性基礎。思想精神和詩體形式，融合傳統與西方再創造，故我提出「健康、明朗、中國、開放」的發展方針。

註釋：

註一：向天淵、熊輝，「新詩再次復興與審美範式重建」，葡萄園詩刊（第一七二期，二〇〇六年十一月十五日），頁六八—七二，章亞昕（山東大學）指出，新詩還處於文體革命的轉型期。

註二：詩潮社編，民族文學的良心（高準作品評論選）（台北：文史哲出版社，民八十一年八月），頁三〇九—三一三。

註三：馬忠，文本與言說（北京：大眾文藝出版社，二〇〇八年九月），頁三九—四二。

註四：文曉村，輕舟已過萬重山（台北：文史哲出版社，民九十四年八月），頁一六〇。

註五：古繼堂，台灣新詩發展史（台北：文史哲出版社，民八十六年一月增訂再版），頁五。

註六：台客，「走過風雨四十六」，葡萄園詩刊（第一七八期，二〇〇八年五月十五日），頁九六—九七。

註七：古遠清，「台灣當代新詩小史」，同註（註六），頁六二。

註 八：同註（註五），頁三。
註 九：同註（註七），頁六三。
註一〇：同註（註七），頁五九。
註一一：同註（註二），頁三一二。
註一二：陳福成，「偶然又見掌門」，藝文論壇（創刊號，二〇〇九年五月四日），頁八五—九四。
註一三：轉引蔣登科，「台海的詩海擷珠」，葡萄園詩刊（第一七〇期，二〇〇六年五十五月日），頁四〇—四四。
註一四：「三月詩會」成立於一九九三年，每月聚餐論詩，每二—三年出版一本專集。目前（二〇〇九年六月止）有會員：徐世澤、金筑（謝炯）、潘皓、燕青（許運超）、關雲（汪桃源）、陳福成、謝輝煌、童佑華、晶晶（劉自亮）、林靜助、雪飛（孫健吾）、蔡信昌、林恭祖、麥穗（楊華康）、王幻（王家文）、一信（徐榮慶）、傅予（傅家琛）、文林（林文俊），共十八人。
註一五：同（註二）。
註一六：熊輝，「關於詩歌諸題致紫楓」，葡萄園詩刊（第一七三期，二〇〇七年二月十五日），頁五二—五四。

註一七：陳仲義，「感動撼動挑動驚動（上）：好詩得『四動』標準」，創世紀詩雜誌社（第一五六期，民九十七年九月出刊），頁一九〇。

註一八：晁真強，「情繫天地，愛的守護」，葡萄園詩刊，同（註六），頁一一二。

註一九：台客，詩海微瀾（台北：文史哲出版社，　年月），頁。

註二〇：尹克軒，「以詩會友最快樂」，葡萄園詩刊（第一七一期，二〇〇六年八月十五日），頁五七—五八。

註二一：古遠清，「台灣當代新詩小史五之五」，葡萄園詩刊，同（註六），頁五七—六四。

註二二：賴益成，一盞不滅的燈（台北：詩藝文出版社，二〇〇八年十二月二十五日），頁六〇—六一。

註二三：張默、白靈主編，八十八年詩選（台北：創世紀詩雜誌社，民八十九年三月二十九日），序頁三—七。

註二四：文曉村，「雪白梅香費評章」自序，葡萄園詩刊（第一六九期，二〇〇六年二月十五日），頁五二—五三。

註二五：同（註四），頁六五。

註二六：張默、向明主編，八十一年詩選（台北：現代詩季刊社，民八十五年十月十五日三版。）頁一。

註二七：同（註三），頁〇〇一。

註二八：同（註三），頁〇三三。

註二九：高準，中國大陸新詩評析（台北：文史哲出版社，民七十七年九月），頁二四。

註三〇：同（註二九），頁三四九。

註三一：屠岸，「隨筆一則談詩」，葡萄園詩刊（第一六七期，二〇〇五年八月十五日），頁四二。

註三二：周伯乃，現代詩的欣賞（台北：三民書局，民八十二年元月），第一冊，頁九—一〇。

註三三：同（註二），頁三七八。

註三四：心笛，貝殼（台北：時報文化出版公司，民七十年八月五日），頁十四。

註三五：同（註二二），頁三三二。

註三六：陳慶輝，中國詩學（台北：文史哲出版社，民八十三年十二月），頁二—四。

註三七：蕭蕭，現代詩縱橫觀（台北：文史哲出版社，民八十九年二月），頁二一—二二。

註三八：謝輝煌，「詩人，是另類史的史家——台客『星的堅持』讀後」，同註二〇，頁三七四。

註三九：謝輝煌，「詩不離史，史不離時」，葡萄園詩刊（第一七四期，二〇〇七年五月十五日），頁四八—五三。

註四〇：金筑，飛絮風華（台北：詩藝文出版社，二〇〇六年九月十五日），頁四五。

註四一：全文見陳福成，「人品與詩品——我讀『飛絮風華』」，同註一六，頁五—九。

註四二：范揚松，木偶劇團（台北：龍門文化事業，民七十九年三月），頁一三一—一四四。

註四三：范揚松，尋找青春拼圖（台北：聯合百科電子出版公司，二〇〇七年十二月一日）。

註四四：紫鵑，「心有千瓣的一株蓮——訪詩人余光中教授」，乾坤詩刊（第四十七期，二〇〇八年七月），頁六—一三。

註四五：台客主編，詩藝浩瀚（台北：文史哲出版社，民九十八年六月），頁四八八—四八九。

註四六：陳慶輝，中國詩學（台北：文史哲出版社，民八十三年十二月），各論。

註四七：莫云，推開一扇面海的窗（台北：秀威資訊科技股份有限公司，二〇〇八年四月），頁六三—六四。莫云，本名宋淑芬，台大中文系畢業，獲教育部、中央日報、梁實秋、北美華文作協等文學獎，屬「寫意型」而有才情的女詩人。另著有短篇小說集「彩雀的心事」、「她和貓的往事」，詩集「塵網」。莫云目前是中國詩歌藝術學會會員、秋水詩社同仁。

註四八：舒慧主編，四葉詩箋（香港：藍葉詩社，二〇〇六年）：「藍葉詩社」是香港註冊文學團體，由舒慧、楊慧思、曾偉強、陳棋手等人，於二〇〇六年一月成立。對四位詩人作品賞讀，可另見：古晟、賞讀「四葉詩箋」（秋水詩刊，第一四一期，二〇〇九年四月），頁一一四—一一九。

註四九：張晨曦，「詩學風景這邊獨好：呂進先生及其著作『中國現代詩學』片談」，葡萄園詩刊（第一七九期，二〇〇八年八月十五日），頁一二一—一二四。

註五〇：秋陽，翡冷翠的秋晨（台北：麥田出版，二〇〇〇年八月一日），頁一二四。秋陽，本名胡其德，一九五一年生，台灣師大歷史系教授（已退），遊學德、法、荷蘭等國多年，通英、法、德、日、義等五國語言，是一個能融合東西方文化的史家兼「中國詩人也是台灣詩人」。

註五一：曹長青、謝文利，詩的技巧（台北：洪葉文化，一九九六年七月），頁二九三。

註五二：同註一，頁六八。

註五三：同註一，頁六九。

註五四：本表根據註一內容製成，作者自行歸納整理。

註五五：同註五四。

註五六：皎然辨體十九字：高、逸、貞、忠、節、志、氣、情、思、德、誡、閑、達、悲、怨、意、力、靜、遠。詳解見：蕭水順，從鍾嶸詩品到司空詩品（台北：文史哲出版社，民八十二年二月），頁五七—六〇。

註五七：司空圖「二十四詩品」：雄渾、沖淡、纖穠、沈著、高古、典雅、洗鍊、洗健、洗麗、自然、含蓄、豪放、精神、洗密、[illegible]洗、清奇、委曲、實境、悲慨、形容、超詣、飄逸、曠達、流動等各類風格。詳見同註五六，第七章「司空詩品與中國詩論」。

註五八：同註三二，頁四四。

註五九：William K. Wimsatt, Jr（衛姆塞特）、Cleanth Brooks（布魯克斯）、Literary Criticism: A Short History（西洋文學批評史），顏元叔譯：（台北：新潮大學叢書，民六十七年十月），第二十三章。

註六〇：同註五一，頁二九三。

註六一：同註三二，頁四一。

註六二：同註四七，頁一一五。

註六三：「倩影」，見葡萄園詩刊，第一六八期，頁五〇。

註六四：丁穎，「民族文學的良心——論高準的詩及其創作道路」，詩潮社編，民族文學的良心：

高準作品評論選（台北：文史哲出版社，民八十一年八月），頁一－一四。

註六五：同註六四，頁三七八－三八〇。

註六六：王小佳，「刪繁就簡三秋樹，領異標新二月花」，葡萄園詩刊（第一八二期，民九十八年五月十五日），頁六〇－六二。

註六七：同註六六。

第三篇 成 都

熊貓、大佛、伏虎寺、報國寺和大公報的一篇文章

可愛家族

在熊貓基地

在大熊貓產房

躲貓貓

↓這可是「小熊貓」

在伏虎寺

在報國寺

全體成員在報國寺合影

大 佛

乘船遊山民江看大佛

懸崖鑿出的內道

↑通往大佛的懸空棧道

第五章　熊貓、貓熊和小熊貓

行程的第五天（十一月十日）下午四點四十分，我們一行人踏上遊覽車，離開重慶大學校園，文學與新聞傳媒學院院長馬勝榮教授、漢語言文學系主任敖依昌教授，及師大黃中模教授、鮮于煌教授，還有全程陪同的福建師大教授（也是西南大學詩學研究中心客座教授）王珂博士等，在車窗外依依不捨揮手再見。

我們踏上前往成都的路，小時候常聽長輩說成都到重慶幾百華里。來回一趟要多少天。但現有高速公路，我們約晚上九點就到成都，到一家叫「巴國布衣」的餐廳晚餐。住進一家叫「繽紛四季家園有約」的酒店已經很晚了，酒店在大慈寺路十九號。我對酒店旁的「大慈寺」有興趣，次日大早想去參觀卻未開門，就要趕路程到熊貓基地參觀。

先說這大慈寺。位于成都市中心地區，座北向南，是一座歷史悠久、規模宏大、文化積澱豐富的中國名刹。距今已有一千六百多年歷史，世傳爲「震旦第一叢林」。

史記，唐武德元年（六一八年），三藏法師玄奘從長安到成都，在大慈寺受戒併坐夏學律，後實現赴西天取經之壯舉。唐天寶十五年（七五六），安祿山造反，攻陷長安，唐玄宗避難成都，見大慈寺僧人英干在成都街頭施粥，救濟貧困百姓並爲國家祈福。玄宗深受感動，于是爲英干敕書「大聖慈寺」匾額；明宣德十年（一四三五），大慈寺毀于火災，明末復毀；清順治年間重修，知府冀應熊爲其書「大慈寺」匾額。

十一月十一日上午我們只有一個半小時待在熊貓基地，大家把握時間猛照相，因爲機會難有、難再。台北只能看兩隻，空間也小，這裡很多，林園也大，可以看到各式模樣。那種可愛、溫柔、嬌貴的氣質，當你親眼看到，心中還在疑惑著「地球上怎有這種生物？」

到底叫「熊貓」或「貓熊」？據說尚無定論。而「小熊貓」是不是大熊貓的小時候？也不是，而是另一種和熊貓不同的物種，身形較小，毛呈棕色（如章前照片所示），但動作不如熊貓斯文。

中國人把熊貓當寶似乎是不久前的事。才半個多世紀前，一九三六年，有個老外叫露絲哈肯，帶一隻活的熊貓到舊金山，這隻熊貓取名書琳，當時中國的海關填表寫的是「小狗一隻，價值二十元」。後來露絲出版他與書琳的故事，書名「淑女與熊貓」（**The Lady and the panda**）。

神奇啊！熊貓、貓熊、大熊貓、小熊貓，到底誰是誰？而熊貓還一度被當成「小狗、價值二十元」。今日比起來，真是天壤之別啊！可見人要過好日子，也要有命活在一個「好時代」。但不知今日的熊貓知不知「我是誰？」當我這樣想時，一個靈感閃現在筆記本中。

熊貓

幽篁林中的修行者
一出世就頓悟
與世無爭
管他叫熊貓或貓熊

溫柔嬌憨的神態

世間美人孰與能比
故能聚萬世萬眾
寵愛
於一身

我向來關心熊貓，平常也注意她們的消息。據可靠訊息，今（二〇〇九年）年中國圈養繁殖的熊貓全部存活，至目前（我離開四川時）共繁育二十胎廿五隻，而全國人工圈養熊貓二百九十隻，其實不多。這廿五隻又分布在多處，臥龍有十二胎十八隻，成都基地三胎四隻，陝西省飼養研究中心有二胎三隻。

再者，到去年底，中國有六十二處熊貓自然保護區，總面積約三百多萬公頃。除工人圈養外，在四川、陝西、甘肅三省分布大約一千五百九十多隻野生熊貓。

另外，海南省曾有考古學家發現熊貓骨骼化石，顯示幾十萬年前熊貓可能遍布全中國，但爲何外國沒有？

西漢文帝之母的陵墓中，有用熊貓頭骨作爲陪葬。唐太宗時曾賜兩隻活熊貓給倭國，也顯示熊貓很早就具有「國寶」的地位。未來這種珍稀生物仍是中國之國寶，她們每天過著神仙生活，實在是「天命」好。

科學家似乎尚未能對這種珍獸有正確的定位，我正寫本文，中國科學家在英國「自然」期刊發表論文，稱爲「貓熊」。且從研究基因圖譜得知，與狗類基因有八成相似，可定位「熊科的亞種」，那是熊貓囉！

第六章　一路 High 翻天謁見樂山大佛

熊貓基地到樂山大佛，行車約一個多小時，大家在車上不是唱歌，便是講笑話打發時間。我首先發難說：

「有一首歌很老，可能百年了，台灣有人把曲改成兒歌『兩隻老虎』，人人會唱，但這歌在民初是愛國歌，歌名叫『國民革命歌』，根據法國『你睡嗎？』曲調填詞而來！」我說完，大家好奇，安靜，我開始唱：

打倒列強，打倒列強，除軍閥！除軍閥！努力國民革命，努力國民革命，齊奮鬥，齊奮鬥。

我唱完，導遊阿嗚也興奮起來，他說：「以前革命時代要打倒地主，也改編這首歌。」他拉開嗓門大聲唱：「打倒地主，打倒地主，分田地！分田地……」一時車裡就 High 了起來。我問阿嗚「會不會唱義勇軍進行曲、國際歌？」

「起來！不願做奴隸的人們！把我們的血肉，築成我們的新長城……」阿嗚一首首開唱，大家也跟著唱。接著，我團大合唱「九條好漢在一班」、「大時代進行曲」、「夜襲」等軍歌。快到樂山前大家竟又唱了一首最老的愛國歌，叫「反攻大陸去」。

反攻、反攻、反攻大陸去，反攻、反攻、反攻大陸去，大陸是我們的國土，大陸是我們的疆域，我們的國土，我們的疆域……

一時兩岸同胞竟把這首歌唱的驚動山河大地，High 翻了天，夯到不行。不久到了樂山市。關於樂山和大佛的歷史背景就不述了，以詩和照片論證我的行腳吧！

江上思絮：乘船觀樂山大佛

（一）

三江並東流
把神氣匯聚在此
方便人們捕捉、讀取

二〇〇二年大佛

1996

歲月在此停流　生命也停留
深怕一去
捕住的又成空
於是，我想讀取更多
眾人皆是

（二）

聲嘶力竭　相互推擁
都想捕捉樂山大佛
做生意的喊著：照一張十元
有誰在聽經聞法？
我仍聽出風中有聲音傳來
講經說法千年
看熱鬧的人多　聽經聞法的少
聽懂的人更少

（三）

有薄薄的霧與陽光做對
江上仍是佛光普照
空海和尚開山的鑿音
在群山峰巒間迴響
大佛的慈眉喜目給往來人船力量
鎮懾江底魔鬼

我們這一團

沿途都是資本主義的享受
以共產主義走著共同的路　以及
一切行動
下車尿尿或購物各自獨立
時間管制、上車力求統一
導遊講社會主義笑話

大家唱著三民主義的歌
此刻遊覽車內的各類魚種
都是自由主義者
且處於無政府主義狀態

第七章 伏虎寺、報國寺談對聯

也許是佛教徒的關係，我平時也愛逛「寺」，研究寺，收集有關寺的資料。離開樂山大佛，我們先到伏虎寺，再到報國寺。

大陸的「寺」，絕大多數只是一個古蹟建築，雖有佛像及一切佛制物件，但佛法不是不在，便是極微弱，真是萬般無奈。我聽一佛光山師父來大陸救災（去年大地震）說，有一天晚上，大陸的寺院出家人送來便當，客氣的說：「最近大家辛苦，便當加一隻大雞腿。」嚇的佛光山的師父們把便當退掉。

天啊！中國佛教要復興起來，還有多少路要走。小小一個台灣是五十年的努力，是許多大師一輩子的投入。這些就暫且不表吧！

伏虎寺相傳建於晉末，名「龍神堂」，南宋高宗三年（一一三三）士性和尚此建藥師殿，更名伏虎寺。其寺名有三個意義，一是常有老虎出沒傷害人畜，士性和尚乃建「尊勝幢」以鎮之；其二爲寺後山巒如一只臥虎；其三降龍伏虎之意，表示佛教徒修持中能克服諸多惡性煩惱等。

我印象比較深刻的是，抗日戰爭時期蔣公設立「峨眉山軍官團將校班」，便在伏虎寺，四川大學的文學院和法學院也曾爲避日軍飛機轟炸，遷到這裡上課。可見此處確是「寶地」。

導遊也特別介紹這裡的奇事，整座寺院被參天古木所覆蓋，但屋頂卻終年不見一片落葉，因此清康熙皇帝特題賜匾額「離垢園」。中國名寺向來配有名聯，故此處也抄數聯以供雅賞。

懸佛日于中天光含大地　燦明珠于性海彩徹十方

一徑鐘聲瞻玉殿　萬松煙色繞瓊樓

江湖萬里水雲闊　草木一溪文字香

未到上方三界闊　已看幽壑萬雲低

山色千重眉鬢綠　鳥聲一路管弦同

還有一長聯甚有深意，上聯「涅槃常樂從這裡轉程條條竟是莊嚴路」，下聯「生死轉迴向個中參透處處總成解脫場」，聯也算詩的一種，在中國運用的很廣，故說中國乃詩之國度。

報國寺距伏虎寺不遠，都在峨眉山麓，創建于明萬曆年間，名「會宗堂」，即儒、佛、道三教會宗之意。備清康熙時改「報國寺」，山門上「報國寺」匾便是康熙帝御筆所題。寺名之意有二，佛子求道先報四重恩，天地恩、國家恩、日月恩及父母恩，捨此便佛道難成，此其一；再者，清代有許多國家大典、大祭，凡宗教性常在此舉行，故康熙親題字以祈求國家倡隆。這也可見報國寺地位多麼重要。

報國寺依山勢而建，逐級升高，由前向後分別是彌勒殿、大雄殿、七佛殿、藏經樓，有典型四川庭院式民居風格。七佛殿內一面牆有「精忠報國」題字，是一九三五年蔣公到此留下的手迹．報國寺的對聯甚多，舉其部份：

鳳凰展翅朝金闕　鍾磬頻聞落玉階

鍾聲傳三千界內　佛法揚萬億國中

功勛祈世界和平　利益報檀那厚德

佛法無邊遍飛曼陀花雨　眾生感化俱沐普度慈雲

蓮座慈雲曹溪法雨　金繩覺路玉髓靈泉

五觀常存受施益道　三心無相禪悅資身

四眾咸欽本童子體　三洲感應現金剛身

另有趣有意的長聯，如「見了便做做了便放下了了有何不了　慧生于覺覺生于自在生生還是無生」、「圓通苦海駕慈航渡眾生除一切苦厄　普門示現應千身說法佛結萬世因緣」。下二長聯也是可觀：

覺樹開曇花三世諸佛慈光普照大千世界同登彼岸

峨眉長靈芽七尊如來哀憐攝受億萬眾生共證菩提

普濟有情願王垂慈宛向峨眉尋妙諦

賢德無量眾生瞻仰靈冥空寂悟禪心

聯中不少較深用語，吾人不及一一細說。如「曹溪」即曹洞宗，乃惠能大師弟子行思禪師所創。五傳至良價大師傳瑞州洞山，又傳本寂禪師，再傳杭州曹山，不忘木本水源合稱「曹洞宗」。而「金繩」是古代帝王封禪時，以金為繩編織簡冊，假以為佛道覺路。凡此，有心深入者，自可鑽研，總會有心得的。

第八章　峨眉山下夜讀大公報文章

——陳雲英：「我和毅夫一生無愧」

參訪完報國寺的這天晚上，我們住在風景秀麗的峨眉山麓「峨眉山大酒店」。外面小雨紛紛，又有霧，似無處可以閒逛。晚上七點多吧！吳元俊兄進我房間說：

「看看你們老同學的消息。」他遞過來一張報紙。

我忖度著甚麼事！接過報紙，他用手指著斗大的標題，陳雲英：「我和毅夫一生無愧」

我立刻反應過來，這是甚麼事！我再看基本資料，原來是二〇〇九年十一月六日的大公報。那篇文章在A18版，我的回憶立刻浮現，當去年（二〇〇八）初媒體報導林毅夫同學要出任世界銀行副行長，我即有感賦詩：

當年一幕驚心迫，將軍大內錯錯錯；
四十四期永不用，心中有愁向誰就？
風風雨雨三十年，傳奇故事總新鮮；
如今回顧這懸案，你走的路前前前。

後收在拙著，幻夢花開一江山（台北：文史哲出版，二〇〇八年三月，頁一三三）

這天晚上，我真的那裡都沒去逛。一個人在酒店內，讓房間電視開著，新聞正在播報將在新加坡舉行的亞太經合會，胡錦濤主席和連戰榮譽主席將有一場「胡連會」。但我正專心看大公報這篇文章，一變變看，停一會兒，飲杯茶又看。文章開頭幾段說：

「毅夫是漳州人，我是泉州人，我們回到自己祖先的土地上去，有什麼不對？」陳雲英在此間接受中新社記者專訪時快人快語地說：「我和林毅夫一生問心無愧！」

林毅夫與陳雲英，一對博士夫妻，兩位名人，一個是世界銀行副行長兼首席經濟學家，一個是「中國特殊教育第一人」。自從三十年前林毅夫從金門游到大陸之後，夫妻倆在各個版本的故事中都頗富有傳奇色彩。

其實，在陳雲英看來，所有的名利都不如家庭重要，她自稱是一個傳統的女人，更願意做一個幸福的太太、驕傲的母親、慈愛的奶奶。四日，她又一次從華盛頓飛回北京，用她的話說，此行的一個重要任務就是給自己四歲的寶貝孫子過生日。

我在乎的不是他倆現在有甚麼地位！或做過甚麼豐功偉業！我感動於「毅夫是漳州人，我是泉州人，我們回到自己祖先的土地上去，有甚麼不對？……我和毅夫一生問心無愧！」

在那個年代，也許有很多人想回到自己祖先的土地，但有誰敢起而行動？絕大多數的人都被一個牢不可破的大鐵框框住了，只能在框內努力、競爭。只有林毅夫（原名林正義）解除了身上的框框架架，飛向（游才對）祖先的土地，這是比同輩人先進半個世紀的壯舉。同時代的人怎能理解，就像最先提出「地圓說」的科學家，立即被打成「異端」，被政客炒作一樣。

事件剛發生那幾年，我也無法理解林同學做那樣壯舉的動機。多年後才理解，才有「你走的路前前前」這樣的詩句。但就在二年前吧！林毅夫要回台看望老父，又引起藍綠兩陣營吵翻天，不知還吵多久？那文章接著說：

對於林毅夫而言，何嘗不是如此。然而，自從他離開台灣之後，就再也不能回去，甚至連父親去世也只能由陳雲英懷揣他的親筆悼父文代奔喪。那篇《祭父文》今天讀來依然悽婉感傷：阿母病危，未能侍奉左右；阿爸抱病臥床，仍無返鄉之途。黃泉路口，不得執手扶送，長留阿爸、阿母無盡之憾。終天惟有思親淚，寸草恨無報春暉。

陳雲英三日在中國駐美使館作了一次心理健康的專題講座，並接受了中新社記者獨家專訪。談及此事她依然心疼林毅夫。陳雲英說，「現在台灣仍在追究林毅夫，所以他依舊回不去，其實撇開政黨糾紛，我們只不過是回到了家鄉，我們錯在哪？」

對啦！那回國內吵翻天，就是爲要不要讓林毅夫回宜蘭送老父最後一程，但政客們只謀眼前利，不思「大義」和「公義」的問題，林同學仍是回不來。只好由妻子陳雲英代在老父靈前讀那篇「祭公文」：阿爸抱病臥床，仍無返鄉之途。黃泉路口，不得執手扶送，長留阿爸、阿母無盡之憾。終天惟有思親淚……

身爲人子，不能爲父母養老送終，當然是一生的痛，但林同學亦無虧於孝道，故陳雲英女士說：「我和毅夫一生無愧」。甚至，以他們倆人所努力的事業，對全體中國人、中華民族乃至全人類而言，已做到「顯父母」的程度，不僅合於「孝經」論述，更算是一種大孝．吾人看看歷史上的範例，孫中山和蔣介石一生革命，獻身黨國，在家住過幾天？盡過幾天孝道？但無損於孝行，因為「移孝作忠」，盡了「大孝」。

再看古人，大禹三過家門而未入。六祖惠能大師捨下高齡老母出家去，成為中國禪宗第六代祖師，把「印度佛教」轉型（即本土化），成為「中國佛教」，沒有惠能出家，佛教終究是「印度的」，而不是「中國的」。佛教思想也沒機會成為中華文化核心思想之一。據考證，惠能大師也沒有為老母送終，亦無虧孝道。

另有一案例，中國佛教史上有一了不起的黃檗希運禪師，出家三十年仍不免掛念著年邁老母。五十歲時有一機緣返鄉探視母親。

惜因老母長年哀傷愛子出家，眼睛哭瞎了。但為見兒子一面，老母竟在路旁設司茶亭，並親自為過往的僧人洗腳。實因母親知道黃檗禪師左腳有顆大痣，想憑著幾無可能的機會認出兒子。

這一天，果然讓母親洗了腳，但黃檗禪師只伸出右腳，左腳藉故不洗，所以母親並未認出，只聽著黃檗講佛陀出家的故事。禪師忍痛不露臉，繼續雲遊行腳。但有鄉人認出是黃檗，告知老母親，老人瘋狂追到大河邊，黃檗已上船離岸，老母情急跳進河裡淹死了。

黃檗在遠處看見母親落水溺死，慟哭說：「一子出家，九族升天；若不升天，諸佛妄言。」即乘船返回，火葬了母親，並說一偈曰：「我母多年迷自心，如今華開菩提林；當來三會若相值，歸命大悲觀世音。」在黃檗說偈時，鄉人都看見他母親火焰中升空而去。

佛教把「孝順」分三層次，甘脂奉養謂「小孝」，事業有成光宗祖是「中孝」，出家修行度父母是「大孝」。

我和林毅夫雖同學卻無交情（本期畢業六百多人），也無意用佛法標準衡量世間一切。但看林毅夫倆口子這半世紀至今所爲，雖尚未達「爲國家盡大忠、爲民族盡大孝」境界。對父母至少已是盡了「中孝」，至是大孝，對國家民族亦無虧欠，是我真誠之言。

陳雲英說：「我已經跟毅夫建議，你不要著急回去，你一說要回去，島內一些勢力就更來勁了，這個事情不著急。」不過，她透露，她本人經常回台灣，今年已經回一次，最近父親身體不好，今年還要再回去一次，那裡有自己的父母，割捨不下。

「台灣脫離祖國，造就了多少家族的悲痛」，陳雲英多次說：這就是我為什麼多年來堅定站在支援統一陣營的原因。國家哪一天不統一，這些家族的悲痛就無法結束。

她的建議也是對的，放眼未來，台灣的統獨仍有許多拉鋸，這是台灣的「命」，從鄭成功把台灣收回，便有統獨之爭。時緩時急，時好時壞，古有名言「亂邦不入」。但亂有一個極限，過了極限，民心自然望治，和平統一自然到來。在統一尚未到來之前，兩岸人民尚須努力，馬英九的三通已經實現，等於爲統一開了路，這條「路」當然是漫長的，我預估十年吧！十年內中必會完成統一。

我感動於陳雲英這小女子說的，「國家哪一天不統一，這些家族的悲痛就無法結束。」事實上，也關係到全體住在台灣的各族人民。當有一天，我們拿著「中國」護照行遍天下，受到應有的尊重，你大聲說「我是中國人」，那才叫尊嚴，那才叫「爽」。

從小在台灣長大的陳雲英並不諱言對國家的熱愛。她曾回憶，當她一次到西部地區扶貧，站在西部戈壁看到被風化成一個小土包的古烽火台，陳雲英的震撼難以言表：「一下子幾千年的歷史從腦海裡閃過，我整個人都迷失掉。因為在我靈魂深處，這是我的土地，這是我的祖國，我願意為這塊土地獻身。」

如今，陳雲英的名字與一連串中國特殊教育的「第一」聯繫在一起：中國第一位特殊教育博士，第一套特殊教育叢書的編寫者，第一個特殊教育研究機構、第一本特殊教育雜誌、第一個特殊教育網站的創辦者。

回顧自己的過往，陳雲英再次引用了林毅夫經常說的四個字「問心無愧」，她說：我和毅夫每晚都是一秒鐘就睡著了，我們對得起自己、對得起父母、對得起社會、對得起國家，沒有什麼心理負擔。

談起林毅夫，陳雲英雙眸發光，滿臉驕傲，甚至有一些小女人。她脫口而出：「我們家最重要的人當然是林毅夫了！」她曾笑言為讓丈夫安心在世行應對經濟危機等諸多問題，自己一個人身兼六職：「妻子、保姆、司機、聽眾、秘書，還有陪著林老師散步的『小狗』」。

我佩服陳雲英還有，很多人一定到過中國西北地區，去過戈壁，看過烽火台，但有幾人能有「大歷史」思維？有多少人深心會受到震憾？會有「這是我的土地、這是我的祖國、我願意爲這塊土地獻身。」的吶喊？陳雲英的那一刻，靈魂深處的震憾，小女子便與整個中國合而爲一，與五千年神州融爲一體，與古今多少億炎黃子民成爲一家人。壯哉！了不起，所以他們說「問心無愧」，每晚都一秒鐘就睡著了（未免太快，我至少十秒），我們對得起自己，對得起父母，對得起社會，對得起國家，沒有甚麼心理負擔。

確實，這晚很晚了，我又看一變文章，雖感慨很多。最後放下報紙，倒頭大睡，至少幾十秒吧！也睡著了。

第四篇　成都：峨眉山、川劇、寬窄巷子和武侯祠

在峨眉山

在雷洞坪車站旁飯店內，與服務生烤火爐

峨眉山大門口

世界文化與自然遺產 ── 峨眉山

看川劇

看川劇（變臉）

看川劇

逛老街（寬巷子）

在老街與當地巡守員合照

武侯祠內一景

武侯祠內

劉備之墓

第九章 震旦第一山：峨眉山

蜀僧抱綠綺，西下峨眉峰，
為我一揮手，如聽萬壑松。
客心洗流水，遺響入霜鍾，
不覺碧山暮，秋雲暗幾重。

上面這首詩是李白聽了廣浚和尚琴音後寫的，李白游峨眉山寫了幾首膾炙人口的詩，這是其中之一。中國歷代大詩人、大文學家，幾無不到峨眉山一遊，可見這「震旦第一山」非虛名。它的歷史、地理，我就不再著墨了。

我在未到峨眉山之前，自己一本「赤縣行腳、神州心旅」的詩集，就已寫過「峨眉山」一詩：（台北：秀威出版社，二○○九年十二月）

秀麗端妝峨眉美，金頂日出情獨魅；
萬盞神燈朝普賢，銀色世界植善業。

我的詩當然不能和李白相提並論，否則李仙還有的混嗎？不論李白、我或任何中國人而言，峨眉山應有三個意義，一是文人雅士的「聖山」，因其合於文人追求的絕美；二是佛教四大名山之一，普賢菩薩的道場。

第三應是影響最廣泛的，是「武林聖地」，大概所有武俠小說都要寫到峨眉派的武功，這是真的。正當我寫本書的二〇〇九年將要打烊之際，國際武林掀起天高巨浪，泰國五大拳王（神目殺、鬼見膝、魔術錐、拳滅風、屠龍肘）同時向中國武林挑戰。少林方丈釋永信以「修習武德不爲挑戰」爲由，拒絕出戰。峨眉派掌門汪鍵「看不下去」，自動請纓，接下泰國拳王的戰書。

武林是否又要掀起腥風血雨？二〇〇九年十二月十九日在李小龍祖籍地，廣東佛山將有盛大比武開賽。雖是熱鬧，已非本書關心範圍。

旅行的第七天，十一月十二日上午約十點，我們一行人到了峨眉山雷洞坪，今天氣候不佳，在山下已是小雨紛紛，氣溫很低。到雷洞坪看出，一片白雪茫茫，大家商量著要不要上金頂（下頁圖所示）。

林姊、台客和我，因雨和雪的關係，留在雷洞坪，在一個店家與五個小姑娘烤著暖烘烘的火爐。我則努力構思作品，這的幾小時，我至少懷了十個「詩胎」，順利生產七胎，部份收在本書。

峨眉山寺廟分布圖
Jinding Huazhang Temple
3099
萬佛頂
千佛頂
3077
金頂華藏寺
臥雲庵
太子坪
2540
接引殿
Jieyin Hall
2430
雷洞坪
白雲寺
Xixiang chi Temple
2070
洗象池
Huayan peak
華嚴頂
觀音岩
1752
仙峰寺
Xianfeng Temple
九老洞
九嶺子
初殿
遇仙寺
息心所
天池峰
九十九道拐
Hong chunping Temple
洪椿坪
石筍峰
1020
萬年寺
Wannian Temple
牛心寺
萬年寺停車場
Chunyang Hall
中峰寺
廣福寺
去接引殿
To Jieyin Hall
Qingyin Pavilion
净水
Jingshui
純陽殿
聖水閣
清音閣
雷音寺
Fuhu Temple
伏虎寺
五顯崗
Baoguo Temple
報國寺 550
Wuxiangang
紅珠山賓館
Hongzhu shan Hotel
Emeishan Hotel
天下名山
去峨眉山市區

雷洞坪亦大有可觀，這裡是峨眉山高寒地帶一大氣象景觀，歷代文人雅士多以「空岩萬向」、「萬狀森列」來形容。以充溢煙雲之空靈，坪景之冷峭著稱，驚嘆其「深幽沈靜」之美。「雷洞煙雲」，即雷洞坪常年隱沒于莽莽林海和朦朦荒煙裡，一種空靈絕美的意象。

峨眉山有傳統十景是：經積晚鍾、蘿峰晴雲、靈岩疊翠、雙橋清音、白水秋風、洪椿曉雨、大坪霽雪、九老仙府、象池夜月、金頂祥光。

現有新景點如：震旦第一、大峨石韵、植物景觀古德林、雷洞煙雲、金頂聖燈、金頂雲海、金頂日出等數十新景觀。不論新舊景點，文人雅士總愛爲她賦詩：

譚鍾岳詠蘿峰晴雲詩（清代詩人）

峰庵到此學仙餘，太史虎臣曾結廬。
跨鶴飛舄蹤已渺，晴雲一片卷還舒。

註：詩中「太史虎臣」是清初一位有功峨眉山的文士蔣超，字虎臣，官太史。當年住蘿峰庵裡修編「峨眉山志」。譚鍾岳亦稍晚的清代詩人。

富春山詠雙飛橋詩（明代詩人）

天柱峰頭水，驚飛樹杪來。
山中奔日月，地底激風雷。
嵐氣千岩暝，秋聲萬壑哀。
冷然心獨賞，何處有塵埃。

薛能詠金頂聖燈詩（唐代詩人）

莽莽空中稍稍燈，坐看迷濁變清燈。
須知火盡煙無益，一夜欄邊說向僧。

這是唐代詩人薛能在咸通七年（八六六）秋，登峨眉山觀「聖燈」後的詠詩。聖燈又名「神燈」或「佛燈」，是峨眉「兩絕」之一（另一絕是佛光），或與日出、雲海，稱「盛譽千載的四大奇觀。

能看到「聖燈」要有四大要件配合，雨後初晴、天上沒有明月、山下沒有雲層、山上無大風大雨。這好像說一個人要成大功，須要命好、運好、頭腦好，加一個「好太太」，這真是天大的難事。

我們此行當然無一人有看到「聖燈」的命，因爲雨、雪、霧使景觀全成白色世界，白色意象，但我手可寫，心可讀，一幅和李白有關的對聯：

有天地便有此山，當白雲團空，誰將萬丈豪光蕩成大澥。
問菩薩並問諸佛，自青蓮歸寂，可許千年秋月提上西皇。

這是二位叫趙熙選、鄒善伯的作品，聯中「青蓮」即李白。因爲李白歌贊峨眉山秋月，可是李白走了，峨眉山還有沒有秋月，且允不允許秋月再現峨眉山呢？生出無窮趣味。

我們在峨眉山上停留下久，未見金頂神光，才有再來的動機，我們一定會再來。午餐後，我們下山參觀峨眉山地質博物館，始知最早參觀峨眉山的訪客是恐龍家族，放幾張雅賞。

峨眉山地質博物館
（六張圖片）

Pterosaurus

峨眉山石船
Emeishan Stone Boat
2009/10/10

第十章 「蜀風雅韵」看川劇

關於川劇，我在此行重慶師大和重慶大學的兩場兩岸文化交流座談會，已有兩篇初淺的報告。可惜時間太趕，又是臨時決定，不能好好發揮，幸好也達到交流之目的，人親土親，見了面又增三分親。未必比不上一篇用心、正式規格而生冷的論文，也是另一種收穫。

下了峨眉山，晚上看川劇，因台客去會粉絲，有的老成都已看過，只有林姊、李再儀、雪飛和我去觀賞。

「蜀風雅韵」是四川地區最具豐富，集中國傳統藝術表演，純民間特色絕技表演和戲曲、戲劇用品于一體的多功能精品樓。該樓獨樹一幟推出傳統堂會，專人專

時專場，獻演各種經典節目，每個節目都讓你讚嘆「經典啊！經典！」那種感覺。

讓你充分領略博大精深的中國傳統文化，千年積累的藝術精華，在這一瞬間，爆出朵朵閃亮的經典意象。

切身感受西蜀原汁原味的民俗之精髓，五腔中雖有四腔外來，外來已被融成本土。

讓我把這晚的節目介紹一下，主持是一位秀麗端莊的小姐，用國（普通話）、英語簡介節目。

節目要略

鬧台

鑼、鼓、琴、笛，不著一字而盡顯風流。吹、拉、彈、敲，曲牌菁華一時俱來。蜀風雅韻樂師團的鬧台，集數十年功力不同凡響，令全場祥瑞，使眾人歡喜，地方味十足。

川劇折子戲

川戲舉重若輕，幽默刁鑽，少有蕩氣回腸的段落。至蜀風雅韵保留了一出難得的氣勢恢宏的折子戲，女兒身段，男子氣概。不一樣的巾幗與旦戲，足以斥退丈夫，羞死帝王。

胡琴獨奏

胡琴從西域傳入中原，屢經改良與維新，成爲漢人獨具魅力的拉弦樂器，有二胡、高胡、板胡、京胡等分類。既能描寫氣勢恢宏的意境，也表現深沉、悲淒的內容。

民間絕藝；杖頭木偶

四川的杖頭木偶年代久遠，造型古樸，特技繁復。蜀風雅韵獨家挖掘當世碩果僅存的杖頭木偶傳人。人偶同台，彰顯天人合一。匠心獨運，令人嘆爲觀止。

蜀韵節奏

“蜀韵節奏”是蜀風雅韵的嘔心之作，集巴蜀說唱藝術、茶館文化、道教風骨於一身。六旬老嫗，二八雛聲，說盡女兒心事，唱遍世間風情。

經典戲曲

川戲的高腔，有穿云裂帛之勢。戲裡的中國功夫，高低起伏的身手，驚泣鬼神。使你屏息，躍躍欲試。更使你領略川戲中一種獨特的怪誕誇張之美。

吶子獨奏：百鳥朝鳳　卡戲

一支吶子，演繹萬般風情，百鳥朝鳳，足以令頑石頭點、百獸起舞。

卡戲，是散失於川西北高原多年的一項絕活，蜀風雅韵推陳出新，抗掘栽培卡戲世家傳人，一人同時演奏夕種罕見樂器，表現複雜的情景對話，淋漓盡致，喜樂無極。

川劇折子戲

俗語說”一個小丑進城，勝過一打醫生“。川劇最富於表現力的丑角戲，巴蜀父老百看不厭，有延年益壽之效。蜀風雅韵力捧名角出場，一身絕技，絕非浪得虛名。渾身小丑細胞，令你捧腹不止。

手影戲

手影也許是最古老的一種藝術，是對勞苦擔重擔的一雙手的禮贊。蜀風雅韵以現代理念更新古老技法，將手影戲的優美與驚嘆推至一個出人意料的高峰。

川戲絕技表演：變臉吐火

川劇中最有嚼頭的神秘絕技。唯在蜀風雅韵，變臉不僅是變臉，更能使您置身舊時川戲茶館，感受古今交融、汁濃味足的梨園場景。再與吐火技法詭異配合，台上變臉，台下變天，令你瞬息之間恍如隔世，超然頓悟。

變臉隨想

之一

這是小李飛刀李探花嗎？
不然
怎有這般快的外科手術
現場千隻雪亮的眼睛盯梢
無人看見他的刀已飛出
瞬間，手術完成
變臉成功

之二

光天亮燈下，瞞天過海
這是千年武林秘笈兼國家一級機密
你看看看，我變變變

變出很多錢錢錢
能變出很多錢錢錢的
也就可以很快變臉

之三

下面看上面的不順眼就變臉
上面的坐穩椅子變臉不認人
任何人看任何人都不爽
大家天天都在變臉
下一代兒孫們不必拜師學藝
從小，學會怎樣變變變變臉

風神「金山寺」

佘虎「佘唐關」

鍾馗「鍾馗嫁妹」

白蟮公主「宮人井」

關羽「走麥城」

第十一章　老街：寬巷子和窄巷子

窄巷子

歷史
蛹臥成一條深深的窄巷子
隱藏著厚厚的文化
最寂寞的角落
曾有最燦爛的文明

巷口有一幅影子　觀戰的老人么喝
將軍抽車
聲音驚動遊人和小狗

他們從傳統走向現代
我們從現代走回傳統

在寬巷子（老街）合影

老　街

在老街悠閒

老　街

老街一角

老街一角

老街·街頭壁畫
2009/10/11

老街·街頭壁畫
2009/10/11

老街一景

香
聽
SCENT
of a
WOMAN
2009/10/11

老街一景

闲在宽巷子
一块门头里的革新思想
宽巷子11号院，院名恺庐，该门头为宽窄巷子最富标志性门头之一。
传说百年前此宅院主人留洋归来颇有一番革新思想，
将院门特制的青砖砌成带有弧形兀起的拱形宅门，
门洞上方嵌入中式传统石匾，匾上采用大篆阳刻"恺庐"，
二字写法革新，一反当时中国人从右向左读字的规矩。
石匾上方砌出的椭圆形图案，代表高悬"避邪镜"，
意在镇退各路妖魔，永保合家平安。
2009/10/11

寬巷子

你一起耍　四川依然美丽
老街
巡守員
2009/10/11

帶父親回鄉

老爸，你一九八四年走的時候
這空茫的海峽，竟似銅牆鐵壁那般堅固
多少要洄游的鮭魚
最後都鬱悒而終，埋骨在異鄉小池塘裡
這些年，你是否已魂歸故鄉
找到「成都北門北大街香煙工廠」

老爸，現在是二〇〇九年底了
有一群名貴魚種伴我洄游參加詩學會議
你就躺在我書裡
我的「五十不惑」首頁提字是：
謹以本書出版紀念我的父母
媽媽　陳　蕊女士　台灣台中龍井沙田路
爸爸　陳建民先生　四川成都北門北大街

現在把你帶回來
故鄉很多圖書館都會把你典藏起來

老爸你看！故鄉明月如昔，那溫暖的波光
曾是你的夢境
是你的世界，現在也是我的世界
永遠是我們的世界
故鄉的風也是熱情的，靜靜的吹著
我負手，蹀蹀於北門北大街
香煙工廠前，遠征軍雄壯的隊伍一列列經過
你的身影瞬間逸去
凝視一幅風情怎要五十九年
亦是喜悅安慰的風情
老爸，從今以後你不必再離鄉背井了

而我
眼眶裡落下的，是一粒粒詩句
胸中澎湃著的，是我們民族復興之歌

附記：

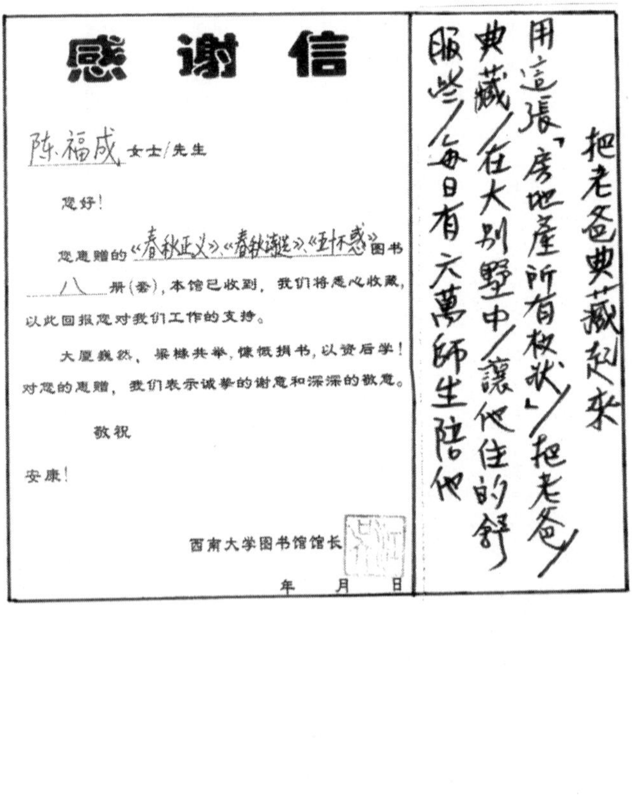

感谢信

陈福成 女士/先生

您好！

您惠赠的《春秋正义》、《春秋诗选》、《五怀感》图书八册(套)，本馆已收到，我们将悉心收藏，以此回报您对我们工作的支持。

大厦巍然，众樑共举，慷慨捐书，以资后学！对您的惠赠，我们表示诚挚的谢意和深深的敬意。

敬祝

安康！

西南大学图书馆馆长

年　月　日

把老爸典藏起來
用這張「房地產所有权状」/把老爸/
典藏/在大別墅中/讓他住的舒
服些/每日有六萬師生陪他

身爲成都人，快五十九年了，才回來一次，怎不叫人激動。因此，我是有備而來，另一個用意是「帶父親回來」（如前面那詩的感受）。我不僅想看看現在的成都，也想看看父親在世那個成都景像，當然是看不到的，但我有辦法「挖」出來，以下圖片來自「老成都」（四川：四川文藝出版社，一九九九年十二月），從該書翻印出來。

東大街

1909 年，川漢鐵路開工時的合影。
前排中間三人中居圖左者為詹天佑。

原立於成都市東門城門洞的無名英雄紀念館，全稱為川軍抗日陣亡將士紀念碑。這一著名紀念碑是為紀念 1937 年 9 月數十萬巴蜀健兒出川抗日衛國壯舉，由中國著名雕塑家劉開渠在抗戰勝利後設計雕塑。

晚清時期，民族危機深重，“維新”、“改良”之風日盛，川劇改良運動應運而生，修建劇園、改良舊劇、創作新戲、淨化川劇舞台，一時蔚為風氣，影響深遠。這種時代與藝術風氣的變化，在戲劇角色的服裝上自然也有體現。

大約是因處於市區繁華地段的緣故，南鄰總府街、北鄰華興街的這方風水寶地，似乎總是與一個商字有著不解之緣，由清代的商務總局、民初的昌福館到今天的東風商貿廣場，其間雖屢經變遷，但流貫始終的卻仍是一脈商線。

建於 1909 年 3 月的勸業場，是成都近代最早的商業中心。次年，勸業場更名的為商業場，薈萃商業、游樂業於一場，場內百業興盛。後屢遭變故，於一度繁榮後逐漸走向衰落。

1901 年，發表於《平民時報》上的漫畫。圖中龍燈象徵中國鐵路，舉龍燈者分別為英、法、德、美、俄、日等國，火車噴出的煙霧構成了“中國鐵道現狀”字樣。

老爸當年離開成都是已經二十多歲的年紀（近三十），成都那些老街、東大街、北大門、南領總府街、北領華興街、梨園劇院……都有老爸的腳步聲。

現在我把老爸的時代挖出來，帶他回來看看，帶他回家，也等於我回了家。雖然成都無人認識我，至少還有一些從未謀面的「隔空文友、詩友」，如雁翼還通過信，此行在西南大學認識的女詩人喬琦似乎也是成都人。還有很多四川詩人常在台灣秋水、葡萄園詩刊發表作品，我常拜讀鄉音。

在成都我寫不少詩作，都是一些平常感想，當成日記，見證行腳，放些在本書供雅賞。

第十二章 武侯祠

孔明是我一生研究最多的中國歷史人物，在我所著「中國四大兵法家新詮」〈孫子、吳起、孫臏、孔明〉、「中國政治思想新詮」及「中國歷代戰爭新詮」（都是時英出版），三本書近九十萬字，以孔明佔篇幅最多。

可見孔明在歷史上，尤在我心中的崇高地位（東洋倭奴王國的鬼子們更把孔明當神謨拜）。事實上，孔明一生沒有打過一場勝仗，他的偉大來自政治思想上堅持中國必須統一在「正統思想」的基礎。這麼說，曹操陣營「非正統」嗎？東吳又如何？

（欲知其詳可閱前三書）今略說，東吳孫權陣營只想偏安（如今之灣），久之成「地方割據軍閥」，故偏安即不安，更不可能長治久安。而曹操陣營雖強大，但其統治理念偏離中國正統的核心價值（尤其偏離了孔孟思想，如今之馬列），所以曹操陣營在某種程度上不夠「純中國化」，有些「非中國」了，故失民心。

蜀國孔明雖弱，但最能代表「純種中國」，故歷史地位高過三國任何人物。他採取的統一戰略是「示強於敵」（類似蔣公的反攻大陸政策），當然最後沒有成功。但那有何干呢?鄭成功的北伐統一和蔣公的反攻統一都未成功，他們還是歷史偉人。老毛和老蔣誰偉大，是非功過再五十年必有合乎「春秋大義」的公平論斷。

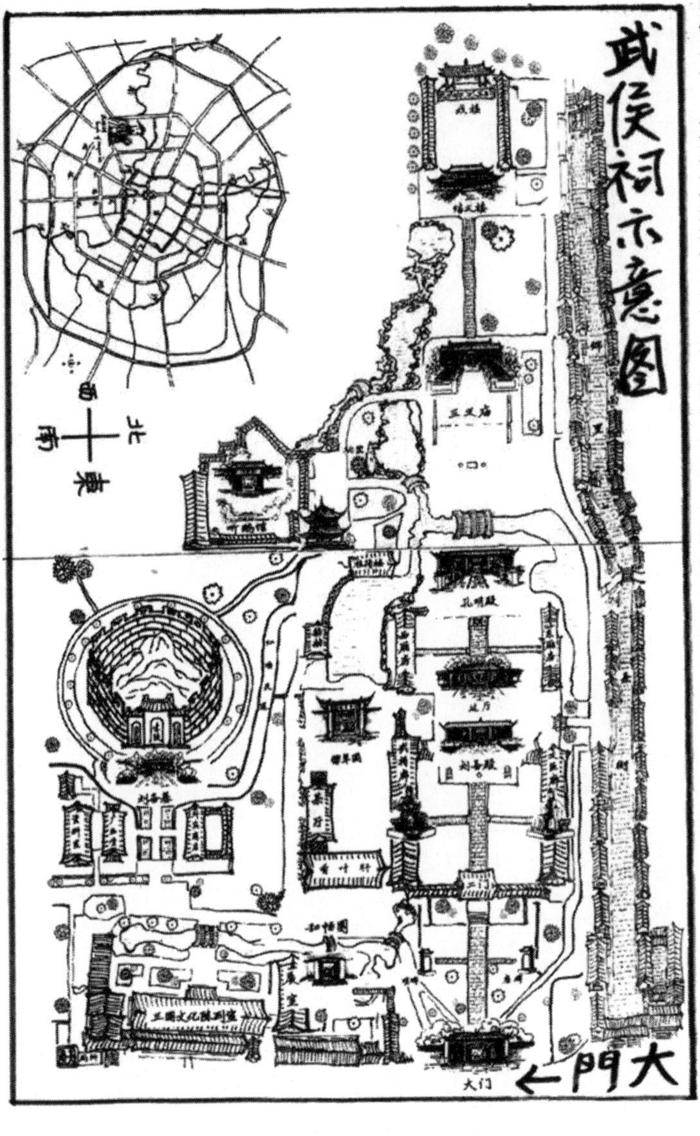

武侯祠是我們此行最後一個參觀點，每人把握機會照相。我把劉備、孔明、關羽、張飛、趙雲、馬超、黃忠、姜維……全照了，可惜室內光線不佳，又趕時間，洗出來全不能看。

我國詩仙詩聖都爲孔明、劉備及三結義事寫過很多詩，岳飛手書的前後出師表亦高掛二門內壁，爲我國永垂不朽的精神國寶。豐功偉業轉眼成空，惟思想信念成爲永恆，但豐功偉業卻也彰顯其思想信念。吾有一詩「在武侯祠孔明像前沈思」，片刻而「詩骨」成，如本章末。

武侯祠內亦有很多千古名聯，清人完顏崇實撰書「使君爲天下」聯，也強調蜀漢的「正統」地位。

「三顧頻煩天下計」是杜甫的詩句，下聯「一番晤對古

今情」是董必武書。公元二〇七年，劉備三顧隱居湖北襄陽的諸葛孔明，千古傳爲求才之典範（周文王請出姜文太公是五顧），可見求才不易。

諸葛大名垂宇宙
宗臣遺像肅清高

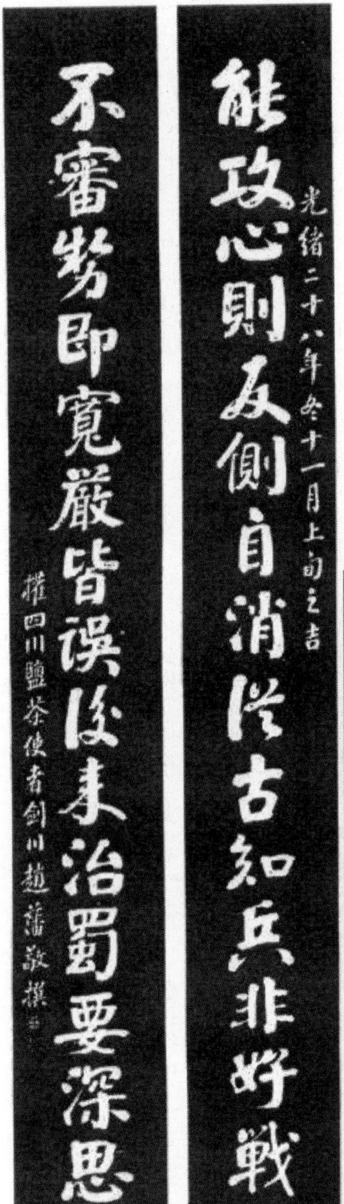
能攻心則反側自消從古知兵非好戰
光緒二十八年冬十一月上旬之吉
不審勢即寬嚴皆誤後來治蜀要深思
權四川鹽茶使者劍川趙藩敬撰

「諸葛大名垂宇宙」聯，是杜甫詩「詠懷古迹五首」之四，現代書法家沈尹默書。「能攻心」聯是清人趙藩撰書的一副治世名聯，懸於孔明殿殿前楹柱。上聯意指用兵能攻心，反叛就會自然消除，古今善用兵者並不好戰。下聯言不審時度勢，政策或寬或嚴都會出問題，治國者都要深思。

因時間不足，杜甫草堂沒去最爲可惜，就在武侯祠中也還有很多地方尚未參觀，如三義廟、結義樓、桃園、聽鸝館、桂荷樓、廣益堂、三國文化陳列室、和暢園、香葉軒、碧草園……都待下回再來吧！只是人生無常，下回再來是否又隔五十九年？

武侯大街旁的武侯祠，凝結千載中華子民的思想精神。從南北朝到唐宋時期，武侯祠已是著名遊覽勝地，杜甫「蜀相」一詩：

丞相祠堂何處尋，錦官城外柏森森；
映階碧草自春色，隔葉黃鸝空好音。
三顧頻煩天下計，兩朝開濟老臣心；
出師未捷身先死，長使英雄淚滿襟。

人生面對大局時，可以選擇的有時不多，有時明知不可爲而爲，如孔明、蔣公。我想，當一九四九年大陸山河變色之際，父祖輩們到了這小島上，他們能選擇甚麼？想必也只有忠誠地守著現有的，一天過一天，一年過一年，期待有一天能「反攻大陸」回老家。

今天，能告慰老爸的，是我們終於「反攻大陸」回老家了。而且看到一個壯盛繁榮的祖國，已經「去馬列化」，且日愈「中國化」。相信不久中國崛起，其強大足以領導世界，但中華文化的核心思想是不會改變的，炎黃子民何時變心變色過？

午餐後，我們由成都轉香港，回到台北已是晚上。結束一趟「鮭魚洄游之旅」，我又花了近一個月整理本書，感謝文史哲老闆彭正雄先生鼎力相助。

在武侯祠孔明像前沈思

想想我們，想想你們
外面的世界實在太吵了
再吵千年還是吵
你們可以沈思、靜坐，安靜生活
真好
夜晚，諸葛先生，你定是提著
孔明燈，在這美麗的花園散步吧！

因為現在只有漢沒有賊了
誰想偏安誰就不安，也會死的很慘
所以你放心散步
走累了，隨時可以入定在歷史中

而那三結義三兄弟呢？
定是在把酒言歡，杯酒高歌
北方，成都到長安已有高速公路
東方，長江沿岸大工程一個個完工
中國正在壯大繁榮崛起
統一在望

我彷彿是一個中陰身（註）
回來給你們聊了這麼多
才知道你們對現在的中國很放心

萬古雲霄一羽毛　意為：諸葛亮的名望高入雲天，獨一無二，萬古莫及。摘自杜甫詩《詠懷古蹟五首》之四，今人徐悲鴻書。

很羨慕你們過著悠閒自在的生活
千秋萬世不斷有「粉絲」來朝拜
怎沒看到阿斗呢？
定是在後花園玩捉迷藏

外面的世界真吵、真煩
真希望有一天把這肉身丟棄
搬來與你們同住
我會努力，但我現在得速回陽界
跟上我的夥伴們，再見

註：「中陰身」，指人死的那一刻起，到下一世轉世，這中間的「生命階段」叫中陰身。若要知其詳，可看我的新書「我的中陰身經歷記」（台北：文史哲出版社，二〇〇九年十一月）。
我與孔明等閒聊不久，回神時似已過了很久，團員們都不知去向，剛才好像去了另一個世界。

第五篇
洄游的鮭魚

在重慶師範大學校園

在重慶大學文傳學院

在古廟前，左二是香港 詩人傅天虹

座談會

在熊貓基地

普賢者
佛之長子
峨眉者
山之領袖

這是小熊貓

大熊貓剪影

大熊貓剪影

夢中「解夢」

說不上來在何種季節
常有淡淡的愁絮
亂飛，如幻
五十九年了
我總未忘記先人說的故事

五十九年
人生很短　歷史很長
歷史更重
最重的是文化和血緣
但不論萬噸千噸重
我能承擔　我願承擔

重慶大轟炸
成都機場烽火漫天
仍在夢裡
此刻我急著「解夢」
看看故鄉現在是甚麼模樣！

鮭魚的鄉愁

住在一個孤單
小小的魚缸中
鄉愁如海洋
若不找個出口
準會窒息

若不游回原鄉
飲一口母奶
那鄉愁　鐵定是
氾濫成災

鮭魚解鄉愁

這條河，總是枯涸時多
有水時，我仍是一朵寂寞的飄絮
岸邊一叢叢雜草吵著要喝奶
有的吵著要根
都說他沒有根又沒母奶喝

烏啼之歌再怎麼聽
仍是悲涼的
因為那些鳥種、魚種、人種……
有的吵著要西行，有要東行

而我，知道，只要出了海
就能找到母奶，找到根
能解饞又能解愁

歸鄉途中

到底是回國、出國或越省？
幹嘛還要護照和台胞證？
說是「呆胞」，誰呆啊！
心頭有些亂
方寸懸於半空中

乘風破浪，駕雲穿霧
一關關過
只想到成都老街聽老人說一聲
「格老子要得」　或
謁武侯
聽誦出師表

高空暝思

就快到重慶了
人還在萬尺高空飛
眼睛已不聽使喚的自動掃瞄
那顆心，已在親吻土地

睢維深思
那峻峭三峽　滾滾江水
嶄然一新吧
而那李杜腳印
難到也會攀岩
走避水淹

極目遠眺

蒼莽河山　蒼蒼莽莽
一如三皇五帝治下的神州
而那坐鎮赤縣的五嶽
永恆的擎起紫氣穹隆
炎黃子民也不曾改變顏色啊！

故鄉在那裡

故鄉在那裡？
五十九年沒見到過
是藏在心中

雖遠在千里外
從小庭院裡有鄉音朵朵開
其實也不遠

啊！故鄉在那裡
在心中、在腳上
每個基因都住在故鄉裡

風是一種情

一下飛機
精神好爽，人興奮起來
滿面春風
原來，這種風
情牽一生一世
風輕輕的吹
多情的把眼睛吻的溼潤

這種風
世界獨一無二
氣象局無法分類
啊！鄉親的風情
甜甜的

嘉陵江之夜

我不認識這條江
這條江也不認識我
我們未曾謀面
但她很早把感情種在我心田中
種的太深吧
她不發芽，不顯露她的感情
深深的，深深的
把自己埋藏起來

一個機緣成熟的夜晚
我聽到她的呼聲
細細的，寂靜的
我回應了　無語傳意

挽著她在江邊散步
多麼熟悉，心心相印啊
因為前世今生以來
我們都是「一掛的」
血緣和文化是突破時空的永恆情愛

隱約的月色，倒映那雕樓畫船
而江邊，一如台北的夜市
現在就用一壺酒把我們的感情
釋放出來吧！
我在江邊，如佳江心
夜深了，江之夜曲在微風中傳唱
閃爍的碧波如巴蜀川劇般風華
樓船給華夏文化再添一頁
唯美浪漫的畫冊

永遠是我心中最美的她
最浪漫的一支歌曲

註：一個晚上，吳元俊邀導遊小姐和我，夜遊嘉陵江，在江邊散步。

伏虎寺

雄偉的台階石柱仍宣說往昔的風華
暗紅的身影處處顯露時間的傷痕
何時痊癒？
虎威不在，木魚不唱
諸神靜坐不語
抗議這裡的出家人都到那裡鬼混了
我佛慈悲啊！
你在這裡已被人們搞成
一件商品

註：大陸寺廟至今大多只是一個「商品」，供人參觀，收門票拼經濟而已，這實是中國佛教千古以來之大劫難。台灣的佛教四大法師（星雲、惟覺、聖嚴、證嚴），爲在大陸復興中國佛教，率領他們的弟子，做了很多努力。
但是，大陸的佛教經半個世紀的破壞和洗腦，要恢復談何容易？現在大陸雖也有很多和尚、女尼，但採「上下班制」，上班是出家人，下班是俗人，肉照吃，酒照喝，這算那顆蔥呀！

大佛與大山的對話

大山問大佛
為甚麼老靠在我身上
大佛說
一座山就是一座大佛

大佛問大山
沒有我，你能成佛嗎？
大山說：我生來就是一座大山
兩個都是具有般若智慧者

再見，樂山大佛

再見，大佛、空海
今後我們同住在一粒飄浮虛空的
沙塵
你們是左鄰
我住右舍
從書房的窗口就能對話
晨昏都能聽經聞法

或偶爾
窗口也有佛法飄入

峨眉山頌

大峨、二峨、三峨、四峨，四季寂靜挺立
銀色世界 亙古以來恒以
秀美身姿
走紅於赤縣神州之同道 且
一年四季千姿百態

日出、雲海、佛光、經燈、四大奇觀 亦
恒能捕住人們的眼睛
一輪紅日靜稍稍跳脫地平線的門檻
把全宇宙的壯麗燦爛匯聚在小小鏡框中
雲上海與海上雲層層彌漫交融
使蒼穹重回渾沌，溘然大霧起
如四海滄溟，惟普賢菩薩示現眼前

七彩佛光在明鏡中變幻
誰能照見自己的身影？或身影照不見

自亙古來，普賢法音在這裡流轉
有多少眾生曾來峨眉取經，放大光明
誰說「色即是空　空即是色」？？

註：峨眉山又稱大光明山，是大峨、二峨、三峨、四峨之總稱。於位四川省峨眉、樂山兩市西部，四峨中以大峨山海拔最高，山勢最雄偉，即爲通常所指的峨眉山，主峰海拔三〇九九米。峨眉山向來爲中國佛教四大聖地之一，乃普賢菩薩的道場。餘三者是觀音菩薩道場浙江普陀山、文殊菩薩道場山西五台山及地藏菩薩道場安徽九華山。

誰鎖峨眉

霧 鎖得住峨眉嗎？
當然鎖不住佛法
又當然 有人被鎖住了
菩薩啊！你心中想甚麼我知道
不久
你定會叫太陽來 深怕
太多人的眼睛
被鎖住了

二〇〇九年十一月十二日正午時在
峨眉山雷洞坪車站的沈思

峨眉畫風

自磐古開天來
以眉清目秀風格
取勝畫壇
我只想來看看這裡的畫風
霧和雪聯袂把一幅七彩風景畫
染白　成一行詩　一字詩
白　也好
最簡單的才是真理
純白　才有最大的想像力
最多的可能

在雷洞坪車站看詩

誰說霧鎖峨眉山甚麼都看不到？
白茫茫如詩
天空下著詩篇片片
飯店姑娘粉紅的小臉上
一朵朵詩的微笑
而暖爐裡的詩熱烘烘的
坐在雷洞坪車站望出去
一片詩的世界
看不盡、讀不完，詩從筆尖
泉源流出
我是蘸著雪蘸著霧寫詩的

鄉音如詩

五十九年了
天府何在？
跫音太遠　聽不見

現在腳步聲在天空白雲飛
飛過神州海洋　風中有詩
且有聲音傳來

不久，我看到了
泥土如詩芳香，此刻
詩怎麼寫
都對　都香

四川菜

一盆盆熊熊烈焰
在桌上燃燒且燎原
人人吃的一肚子火
把鄉情快速升溫
High 到最高點　High 翻天

那洄游的鮭魚
隻隻用熱情的火勢
把鄉愁
全都蒸發了
不見了

成都街景印象

不管走到那裡
都有無數　雙雙明眸
俏麗的眼睛一閃一閃
道不完自信的彩燦

走在路上、牆邊、地板、街角……
有夏商周秦漢三國的印記
地板上隋唐五代的圖騰
鮮活的引你注目
有鄉音，自宋元明清傳來

傳統與現代相互交融
高樓大廈林立

不強勢，更不驕傲
老街活的有尊嚴
甚至比現代更摩登
一個和諧的社會在人間示現

這一代的子女兒孫們要揚眉吐氣了
我們要撫安父祖的傷痛
在母親的懷裡
無數遊魂得以安頓
並以母愛的慈悲善待全世界

走在成都街上的中華兒女們
我們永遠別再叫任何大風大浪吹垮
且讓高樓、寬巷子與窄巷子
和諧相處

鄉音，就是High

在武侯大街逛大街，一種小時候常聽的
腔調，從四面八方窸窸窣窣鑽過來
忽然如一陣春雷響起
「格老子要得……」
一種恆久不斷不散纏繞歲月的臍帶語聲
轉頭一看，巷口正是
劉備、關公和張飛在把酒論戰

餐廳裡，眾人圍著桌子上
一盆盆烈火么喝、鼓噪，企圖滅火
若不以千杯酒量，那能鎮壓眼前將要爆炸的火山
高吭的鄉音溶解炙熱的酒精，不久
潛藏胸口的熱情蠢蠢欲動，先後爆裂開來

遂使「欽善齋」內至少有　（註）
十座爆發的火山
閃亮發紅的湯汁在每個人的腸胃裡到處竄
掀起鄉音三重唱
掀起了High 翻天的千層浪
熄火以後，我們靜靜的坐在
「蜀風雅韵」最前排　（註）
戲台上，鄉音又鼓動另一波風起雲湧
變臉、吐火自國家寶藏中秘密竄出又潛伏
遁去又瞬間對你攻略而來
而賽馬，至少有神駿萬匹在
兩條細弦上駸駸奔馳，千軍萬駒躍馬中原
折子戲、手影戲、吶子風情、小丑張力……
以鄉音，進行五腔共和
驚天地，泣神鬼，網住巴蜀父老鄉親的心

以文化和血緣提煉萬載的鄉音就是High
在對抗時空敵人無情獵殺時
仍能保持勝利的姿態，如那高坐空城的孔明
就算無言無語，安適的神態
還是讓人High，High 翻天了

註：「欽善齋」美食養生餐廳，在成都市武侯祠大街二四七號。店號緣起於大唐貞觀盛世，太宗文皇帝世民，初爲「仁壽堂」醫所。至清代乾隆親題「欽善哉」匾額，今以「欽善齋」爲店號。

另「蜀風雅韵」在成都市琴台路文化公園，多家川戲茶館匯聚於此。

再見，成都

揮揮手，我放下了一擔
重重的
鄉愁

揮揮手，我帶走的更多
大佛拈花微笑不須說
普賢菩薩大願力行實踐
李杜詩歌可以滋潤島民心田
尤其武侯，你的
「王業不偏安，漢賊不兩立」
乃中國萬年神咒
取回寶島，日日念、月月念……

尤在亂臣賊子起
一人啟念　眾人幫腔
如觀世音或唐三藏念金箍咒
必使眾賊痛的倒地打滾
奄奄一息
啊！武侯
你是中華民族永恆之重寶

鮭魚物語

到處找母奶喝
都說喝母奶對身體好
抵抗力高
我是喝母奶長大的
但聽說最終仍要洄游原鄉喝一種
層次更高
能滋養千年萬載
永恆的母親、神聖的文化
聖母的奶水

我到處找
尋尋覓覓，或待機，並注意
廟堂之上各魚種為風向打架的原因

池塘裡的眾生
青蛙、蜻蜓、蜜蜂、各類魚種……
能飛的飛，能游的游，能跑的跑……
紛紛大膽西進
就連池邊的車前草、蘆葦、松柏……
乃至一朵孤游的池中浮萍
都已洄游取奶

我是最後一隻鮭魚
在一個因緣俱足的早晨
游過大海，飛騰神州東南天空
洄游原鄉
飲過永恒母親的奶水，通體舒暢啊！

一種情詩

每個字都是一顆鮮活的心
每句是一串串心
每首詩是一串串又一串串心
串成的一幅境界高雅的國畫

每顆心是一顆熱騰騰的包子
包著思鄉的熱情和溢滿的愛意
無關時間，距離或火候
也無關素的還是葷的

只要嚼食一口包納歷史的熱包子
必能縫合傷口　撫平傷痛
再凝神看妳——

又是空靈絕美的情人
我寫給故鄉的情詩
所有甜言蜜語　出自天成

大三通感賦

小馬駸駸駿逸
馳城飛塹
馬蹄踏碎路上的土石障礙
與兄弟，隔空打通
大三通
音爆在島內地空
如雷響起
誰能叫雷不打來？
誰能叫排山倒海立刻靜止不動？

啊！兄弟，我們厭倦了戰爭
讓我們的兵器用來一致對外吧
你高高的亮劍

我準備好收兵的姿勢
讓我們通吧！
島是咱們中國的門戶
海是咱們中國的內院
共構成一道新世紀的戰略長城

一隻快樂無憂的鮭魚

自從洄游原鄉
汲千載之乳水
養分沁入肺腑
我是一隻快樂無憂的鮭魚

悠游於河海汪洋天空大地
以妳之名把煩雜的生活精煉成詩
或與同類魚種在水草間玩遊戲
我就是愛玩，我現在的生活生命
就是一個　玩

現在更想找一群玩伴，闖天涯天關
好好玩

別為我操心
原鄉母親的養分夠我飽足
夠我提煉詩歌　傳唱四海

本書作者重要著編譯作品及購買方法

編號	書名	出版者	定價	備註（性質）
1	國家安全與情治機關的弔詭	幼獅	200	軍訓國防通識參考書
2	決戰閏八月：中共武力犯台研究	大人物	250	國防、軍事、戰略
3	防衛大台灣：台海安全與三軍戰略大佈局	大人物	350	國防、軍事、戰略
4	非常傳銷學（與范揚松合著）	大人物	250	直銷教材
5	孫子實戰經驗研究：孫武怎樣親自險證「十三篇」	黎明	290	孫子兵法研究
6	解開兩岸 10 大弔詭	黎明	280	兩岸關係
7	大陸政策與兩岸關係	黎明	290	（同上）
8	從地獄歸來：愛倫坡（Edgar Allan poe）小說選	慧明	200	翻譯小說
9	尋找一座山：陳福成創作集	慧明	260	現代詩
10	軍事研究概論（與洪松輝等合著）	全華	250	軍訓國防通識參考書
11	國防通識（高中、職一二年級共四册）學生課本	龍騰	時價	部頒教科書
12	國防通識（高中、職一二年級共四册）教師用書	龍騰	時價	部頒教科書
13	五十不惑：一個軍校生的半生塵影	時英出版社	300	我的前傳
14	國家安全與戰略關係	時英出版社	300	國安、戰略、研究
15	中國學四部曲 首部曲：中國歷代戰爭新詮	時英出版社	350	戰爭研究
16	中國學四部曲 二部曲：中國政治思想新詮	時英出版社	400	政治思想研究
17	中國學四部曲 三部曲：中國四大兵法家新詮（孫子、吳起、孫臏、孔明）	時英出版社	350	兵法研究
18	中國學四部曲 四部曲：中國近代黨派發展研究新詮	時英出版社	350	政治、黨派研究
19	春秋記實：台灣地區獨派執政的觀察與批判	時英出版社	250	現代詩、政治批判
20	歷史上的三把利刃：部落主義、種族主義、民族主義	時英出版社	250	歷史、人類、學術
21	國家安全論壇（軍訓、國防、通識參考書）	時英出版社	350	國安、民族主義
22	性情世界：陳福成情詩選	時英出版社	300	現代詩、情話
23	新領導與管理實務：新叢林時代領袖群倫的政治智慧	時英出版社	350	特殊環境領導管理，金像獎作品
24	一個軍校生的台大閒情	文史哲出版社	280	閒情・頓悟・啓蒙
25	春秋正義	文史哲出版社	300	春秋、正義、學術
26	頓悟學習	文史哲出版社	260	人生、頓悟、學習
27	公主與王子的夢幻	文史哲出版社	300	書簡、小品、啓蒙
28	幻夢花開一江山（傳統詩風格）	文史哲出版社	200	人生、詩歌、小品
29	奇謀迷情輪迴：被詛咒的島嶼㈠	文史哲出版社	220	政治、奇謀、言情小說
30	春秋圖鑑：回頭看中國近百年史（3600 張圖）	文史哲出版社	時價	3600 張照圖解說
31	春秋詩選（現代詩、政治批判）	文史哲出版社	380	春秋思想、詩歌
32	愛倫坡（恐怖、推理）小說經典新選	文史哲出版社	280	恐怖推理小說
33	迷情奇謀輪迴：進出三界大滅絕㈡	文史哲出版社	220	情色、奇詭、科幻小說
34	迷情奇謀論回：我的中陰身經歷記㈢	文史哲出版社	300	奇詭・輪迴・警世小說
35	南京大屠殺圖相：中國人不能忘的記憶	文史哲出版社	時價	歷史・眞相
36	神劍或屠刀？	文史哲出版社	240	政治・思想・學術研究
37	2008 這一年，我們的良心在那裡？（2000 圖說）	文史哲出版社	時價	人間福報的一年
38	男人和女人的情話眞話	秀威資訊科技公司	時價	兩性生活智慧
39	八方風雨。性情世界	秀威資訊科技公司	時價	現代詩・詩評
40	從皈依到短期出家	秀威資訊科技公司	時價	佛法初體驗
41	赤縣行腳。神州心旅	秀威資訊科技公司	時價	詩・文・神州千年遊蹤

購買方法： 方法 1.全國各書店　方法 2.各出版社
方法 3.郵局劃撥帳號：22590266　戶名：鄭聯臺
方法 4.電腦鍵入關鍵字：博客來網路書店→時英出版社
方法 5.時英出版社　電話：（02）2363-7348　地址：台北市新生南路 3 段 88 號 3 樓之 1
方法 6.文史哲出版社：（02）2351-1028　地址：100 台北市羅斯福路 1 段 72 巷 4 號
方法 7.秀威資訊科技公司　地址：台北市內湖區瑞光路 583 巷 25 號 1F　電話：02-2657-9211